德育乡村

善治共富的青岛西海岸经验

青岛西海岸新区乡村振兴研究院
人民日报社《讽刺与幽默》报 主编
人民日报漫画增刊工作室 编绘

中国出版集团
研究出版社

图书在版编目(CIP)数据

德育乡村：善治共富的青岛西海岸经验/青岛西海岸新区乡村振兴研究院，人民日报社《讽刺与幽默》报主编.——北京：研究出版社，2024.3
ISBN 978-7-5199-1535-3

Ⅰ.①德… Ⅱ.①青…②人… Ⅲ.①农村-群众自治-经验-青岛 Ⅳ.①D638

中国国家版本馆CIP数据核字(2024)第025210号

出 品 人：陈建军
出版统筹：丁 波
责任编辑：寇颖丹

德育乡村
DEYU XIANGCUN
善治共富的青岛西海岸经验

青岛西海岸新区乡村振兴研究院
人民日报社《讽刺与幽默》报　主编

研究出版社 出版发行
(100006　北京市东城区灯市口大街100号华腾商务楼)
北京新华印刷有限公司印刷　新华书店经销
2024年3月第1版　2024年3月第1次印刷
开本：710毫米×1000毫米　1/16　印张：13
字数：145千字
ISBN 978-7-5199-1535-3　定价：69.00元
电话（010）64217619　64217652（发行部）

版权所有·侵权必究
凡购买本社图书，如有印制质量问题，我社负责调换。

《德育乡村：善治共富的青岛西海岸经验》编委会

主　　任：刘记军

副 主 任：王卫青　张松涛

编委委员：聂　恒　翟乃通　王辉娟

主　　编：高　璇

副 主 编：孙　颖　隋　军

编　　辑：刘玉军　李　娜　任雪莹　臧　燕
　　　　　岳增敏　肖承森　程春梅　韩晓艳
　　　　　范宣丽　陈　放　王玉民　马宏亮

序言

党的二十大报告提出，建设宜居宜业和美乡村。这是以习近平同志为核心的党中央顺应亿万农民对和谐乡村、美好生活的愿景期盼，在科学把握乡村建设规律基础上作出的重大理论创新。把"和美"作为乡村建设的重要标准，体现了乡村建设自内而外、从形到神的更高要求，表明乡村建设必须更加重视物质文明和精神文明协调发展，强调在抓好乡村基础设施等硬件提升的同时，一并抓好乡村治理、精神文明等软件建设，真正打造基本功能完备又保留乡味乡韵的现代乡村。

青岛西海岸新区创新试点乡村治理"德育乡村"模式，紧紧围绕加强和改进乡村治理这一目标，以德育积分为抓手，数字化手段为助力，聚焦加快农业农村现代化，探索形成了乡村治理的新路径和新经验，推动实现了体系化、制度化和规范化，这是对务实管用乡村治理方式的创新实践。"德育乡村"生动回答了在全面推进乡村振兴中如何加强"德治"这一现实问题，探索了一条乡村善治之路，为建立健全党组织领导的自治、法治、德治相结合的乡村治理体系和共建共治共享的社会治理制度提供了富有开创性的实践经验。

有育才有德，有德才有和。德育是激发乡村治理的自治基础和内生动力的重要保障。"德育乡村"模式之所以能成功，就是因为符合乡村治理的内在规律性，从挖掘人性底层的善入手，把"善"具体化为评价指标，扬善抑恶，把深植齐鲁大地的儒家礼教和现代文明习惯相结合，把优秀传统文化与社会主义核心价值观相结合，抓住了乡村治理的核心。"德育乡村"模式，形成了从"1+5+N"的指标评价体系到乡村治理手段数字化，再到实现村庄运营共富目标的创建样式，以德育治理为切入口，有力有效促进了"三治"结合在基层落地。

见微以知萌，见端以知末。要进一步发挥德育在加强和改进乡村治理中的作用，建议青岛西海岸新区在今后发展过程中，进一步地研究和探索"德"和"育"的关系，通过"育"来发挥"德"的作用，尤其要深入挖掘中华优秀"和"文化在培育和践行社会主义核心价值观中的重要作用，以"德育乡村"提升乡村治理水平，促进乡村全面振兴。

农业农村部农村经济研究中心主任

金文成

CONTENTS 目录

第一章 积分制：乡村善治的新抓手

第一节 乡村善治的重要意义 …………………………… 002
  一、乡村善治是实现中国式现代化的重要基础 …………002
  二、乡村善治是推进宜居宜业和美乡村建设的重要根基 …003
  三、乡村善治是实现人民共同富裕的现实需求 …………006

第二节 实现乡村善治面临的现实挑战 …………………… 008
  一、乡村基层治理方式缺创新 …………………………008
  二、联结社会资源参与乡村共治缺渠道 ………………009
  三、乡村基层治理相关部门和政策缺整合 ……………010

第三节 积分制在乡村善治中的作用 …………………… 011
  一、积分制的缘起 ………………………………………011
  二、积分制在乡村善治中的重要作用 …………………014
  三、积分制助力实现乡村善治现代化的路径 …………018
  四、乡村治理积分制取得的成效 ………………………022

第四节　乡村治理积分制的推广现状 …………………… 027
第五节　典型案例分析 ………………………………… 030
　　一、奖罚一体，阶梯奖励，强化积分的激励效应 ……030
　　二、分类推进，因户施策，突出积分制落实的精细化 …031
　　三、群众点单，志愿接单，形成乡村共建共治共享新格局
　　　………………………………………………………032
　　四、数字加持，专业运营，实现积分制可持续运营 ……032

第二章　乡村善治积分制指标体系的构建

第一节　构建县乡指标库 …………………………………… 037
　　一、构建县乡指标库的意义 ……………………………038
　　二、构建县乡指标库遵循的原则 ………………………042
　　三、构建县乡指标库的流程 ……………………………043
第二节　村级指标体系的构建 ……………………………… 047
　　一、构建村级指标体系的意义 …………………………048
　　二、构建村级指标体系的原则 …………………………050
　　三、构建村级指标体系的流程 …………………………054
第三节　关于积分指标体系构建的几点建议 ……………… 056
　　一、积分指标要广泛征求意见 …………………………056
　　二、积分体系以正向激励为主 …………………………057
　　三、增加村民自主申报指标占比 ………………………058
　　四、增加积分反馈的即时性 ……………………………059
实操小贴士 …………………………………………………… 061

第三章 乡村善治积分制的落地实施

第一节　乡村治理积分制落地的配套措施 …………… 064
　　一、组织准备 ……………………………………065
　　二、舆论准备 ……………………………………068
　　三、场地准备 ……………………………………070
　　四、兑换准备 ……………………………………072

第二节　乡村善治积分的考核过程 …………………… 074
　　一、确定积分考评人员组成 ……………………074
　　二、确定参与积分考评的村民范围 ……………076
　　三、确定村民获得积分的方式 …………………078

第三节　积分兑换的操作流程 ………………………… 081
　　一、积分汇总与公示 ……………………………081
　　二、举办积分兑换活动 …………………………082
　　三、积分兑换的记录与盘点 ……………………085

第四节　积分制推广经验的提炼积累 ………………… 086
　　一、资料收集与整理 ……………………………086
　　二、经验分享与宣传 ……………………………087

实操小贴士 ………………………………………………… 089

"德育乡村""十个一"工作法 ……………………………… 092

第四章 数字化积分赋能乡村善治

第一节　乡村治理数字化的现实意义 ………………… 096
　　一、乡村治理数字化符合数字经济时代发展趋势 ………096

二、乡村治理数字化能够提高乡村治理效能 …………098
三、乡村治理数字化能够有效促进乡村文化振兴 ………099
四、乡村治理数字化有助于构建共建共享共治新格局 …101

第二节　数字化乡村治理积分平台的选择与功能设计 …… 103
一、数字化乡村治理积分平台需要具备的基本属性 ……103
二、数字化乡村治理积分平台的功能模块设计 …………104
三、"德育乡村"平台：从1.0到3.0的功能升级迭代 ……111

第三节　数字化积分平台的落地实施 …………………… 114
一、数字化积分平台开发中的常见问题 …………………114
二、数字化积分平台产品的落地实施建议 ………………117
三、数字化积分平台的运营 ………………………………119

实操小贴士 …………………………………………………… 122

第五章　乡村善治积分制的应用拓展

第一节　积极转变思维 …………………………………… 127
一、系统思维 ………………………………………………128
二、多米诺思维 ……………………………………………131
三、借势思维 ………………………………………………134

第二节　聚合各方力量 …………………………………… 137
一、激活原乡人的发展动力 ………………………………137
二、激发归乡人的爱乡情怀 ………………………………139
三、激励新乡人的参与热情 ………………………………142

第三节　强化乡村运营 …………………………………… 147
一、村庄运营的基本内涵 …………………………………148

二、村级运营的基本原则 …………………………………… 148

三、村级运营公司的建设流程 …………………………… 154

第六章 青岛西海岸新区"德育乡村"纪实

第一节 这些年,那些事 …………………………… 161
一、缘起宝山大陡崖 …………………………………… 161

二、全域探索推广 ……………………………………… 165

三、乡村振兴研究院成立 ……………………………… 169

第二节 一群人,一团火 …………………………… 172
一、"德育乡村"中的村干部们 ………………………… 172

二、"德育乡村"中的乡亲们 …………………………… 178

三、"德育乡村"得到的"八方支持" …………………… 185

第三节 新征程,再出发 …………………………… 190
一、独创"线下+线上"站台融合新做法 ……………… 190

二、打造产学研创"四位一体"的校企村融合发展新模式
…………………………………………………………… 191

三、探索"文化+"产业融合发展新形态 ……………… 193

第一章

积分制：乡村善治的新抓手

第一节　乡村善治的重要意义

一、乡村善治是实现中国式现代化的重要基础

党的二十大指出:"从现在起,中国共产党的中心任务就是团结带领全国各族人民全面建成社会主义现代化强国、实现第二个百年奋斗目标,以中国式现代化全面推进中华民族伟大复兴。"这意味着,我国已经开始了全面建成社会主义现代化强国的新征

程。党的十八大以来,以习近平同志为核心的党中央在推进和拓展中国式现代化进程中,高度重视国家治理体系和治理能力现代化。党的十八届三中全会把"完善和发展中国特色社会主义制度,推进国家治理体系和治理能力现代化"作为全面深化改革的总目标。党的十九大报告以及党的十九届四中、五中、六中全会也高度重视并强调国家治理现代化的重要性,提出将国家治理体系和治理能力现代化纳入社会主义现代化范畴是将我国全面建成社会主义现代化强国的坚强保障。"求木之长者,必固其根本;欲流之远者,必浚其泉源。"基层治理的关键在"人",只有人与人和谐相处,社会才会安定有序。习近平总书记在党的二十大报告中指出"人口规模巨大的现代化"是中国式现代化的首要特征。规模巨大的人口是基层治理的难点和重点所在,也增加了基层治理的艰巨性和复杂性。基层治理的薄弱环节在乡村,因此,如何通过提升乡村善治水平实现规模巨大人口的良序善治是未来亟须解决的重大问题。乡村治理现代化水平直接关系到国家治理现代化实现的速度与质量。从当前看,乡村善治可以为农业农村现代化提供稳定有序的发展环境;从长远看,乡村善治则是为全面建设社会主义现代化国家夯实最广泛最深厚的基础。

二、乡村善治是推进宜居宜业和美乡村建设的重要根基

习近平总书记在党的二十大报告中提出"全面推进乡村振兴",强调"建设宜居宜业和美乡村"。从之前的"美丽乡村"到"和美乡村",一字之差,却蕴含着极为丰富深刻的含义。我国自

古以来崇尚"和"的理念,农业生产讲求得时之和、适地之宜,农村生活讲求人心和善、以和为贵,村落民居讲求顺应山水、和于四时。在乡村治理中,"和"可以理解为乡村社会各个方面之间的和谐,包括农民与政府之间的和谐、农村居民之间的和谐等。只有在这种和谐的状态下,才能建设出宜居宜业和美的乡村。要把"和"的理念贯穿乡村振兴始终,滋润人心、德化人心、凝聚人心,确保农村人心向善、稳定安宁。"美"主要指的是美好、优美、高尚。在宜居宜业和美乡村建设中,"美"可以理解为营造一个美好的乡村环境,包括"生态美""环境美""乡风美""文化美""生活美"等。这种美好的环境可以带给乡村居民更好的生活体验,促进乡村的经济发展和社会进步。综上所述,"和"和"美"在宜

居宜业和美乡村建设中的内涵相互关联、相互依存，形成一种和谐的关系，营造一个美好、优美、高尚的乡村环境，为乡村全面振兴的实现提供保障。乡村善治是指在乡村建设中，通过完善治理体系、加强基层组织建设、推进乡村治理现代化等措施，提高乡村管理水平和社会治理能力，营造一个安全有序、文明和谐的乡村社会环境。乡村善治对宜居宜业和美乡村建设具有重要意义，因为它可以有效地提高乡村管理水平和社会治理能力，为乡村的生产生活环境营造一个稳定、安全、和谐的基础，为乡村的可持续发展提供保障。同时，乡村善治也可以促进乡村的经济发展和社会进步，提高乡村人民的幸福感和获得感，为实现乡村振兴战略目标奠定坚实基础。

三、乡村善治是实现人民共同富裕的现实需求

实现共同富裕是社会主义的本质要求,也是中国特色社会主义的基本目标之一。促进共同富裕最艰巨、最繁重的任务在农村,有效的乡村治理则是实现乡村人民共同富裕的现实需求。乡村治理模式的核心是人民群众自治,即发挥农民群众在农村治理中的主体作用,让广大农民群众参与农村治理,共同推进农村发展,实现共同富裕。乡村善治与共同富裕有着密切的联系。只有在乡村善治的基础上,才能实现农村经济的稳步发展,让广大农民群众从中受益,实现共同富裕。同时,乡村善治也可以为农民提供公

共服务、改善农村基础设施、加强乡村文化建设等，提高农民的幸福感和获得感，推进农村的现代化建设，为实现共同富裕提供重要保障。因此，乡村善治是实现农村共同富裕的现实需求，是推进中国特色社会主义事业的重要组成部分。

第二节 实现乡村善治面临的现实挑战

一、乡村基层治理方式缺创新

乡村治理是一项多主体参与、多方面工作交织在一起的复杂系统工程。乡村振兴二十字方针中的"生态宜居、乡风文明、治理有效"三大部分均与乡村治理工作直接相关。"杂、乱、细"是乡村基层干部对乡村治理工作的普遍认知。同时，乡村治理绝大多数方面与人直接相关，村民个体的参与主动性直接影响乡村治理工作的成效。因此，在具体工作落实过程中，镇村等基层治理部门的工作人员一方面觉得乡村治理涉及面很广，另一方面苦于缺少抓手，很难调动个体村民的积极性。随着城镇化进程的推进，很多农村呈现村庄空心化、人口老龄化现状，村集体领导力和号召力也随之变弱。在调研走访过程中，笔者也发现，一些村民被动治理的传统意识仍然较强，他们一般会按照村干部的安排来行事，对村庄发展和公共事务投入缺少积极性。在整治人居环境、建设美丽庭院以及治理高价彩礼等陈规陋习方面，往往是村里虽然进行各种宣传、引导，但是效果一般，村民对干净的环境维护并不上心，仍然会乱扔乱倒垃圾，相互攀比之风不减。

二、联结社会资源参与乡村共治缺渠道

共治、共建、共享是当前乡村治理现代化提倡的发展方向。如何联结更多的社会资源参与乡村共治是很多地区面临的新课题。很多离乡的农民或大学生在外打拼、奋斗多年，他们具备了一定的见识和包容创新精神，具有一定的社会影响力和社会关系，同时，他们也有回报乡村、促进家乡发展的热情与意愿。但受信息条件和乡村发展条件限制，目前农村的很多村务决策都是依靠传统的投票、线下开会来决定，在外工作的村民很难直接参与村庄自治，表达自己的意愿和建议。很多外出多年，有一定社会基础的乡贤都有为家乡贡献一份力量的想法，但苦于缺少必要的对接渠道，无法及时了解家乡发展现状及需求。此外，镇、村在乡贤资源的整合和互动方面也缺乏必要的联结渠道。如何开拓渠道、建立平台、联结乡贤资源、发挥乡村治理的社会合力是当前乡村治理

现代化过程中面临的重要问题。

三、乡村基层治理相关部门和政策缺整合

乡村治理工作涉及农业农村、民政、司法、公安、妇联等数十个相关部门和县域所有乡镇。这些部门在基层乡村治理中各负其责、各司其职，且其中部分业务有交叉，比如乡村文化宣传、农民教育培训等方面。这些部门所分担的乡村治理任务要保质保量地

完成，必须下沉到村一级，触及村民末端，而单个部门完成这类任务需要投入大量的人力、物力和财力。这种"上面千条线，下面一根针"的状态无法形成较好的乡村治理政策合力，在一定程度上降低了乡村治理投入的效果。此外，相关部门在完成乡村治理工作时，还缺少有效的抓手来呈现部门工作的效果，例如，文化下乡、普法宣传，其效果如何？乡村居民的接受程度如何？哪些服务更受欢迎？等等，这些问题目前都缺少必要的评估抓手。

第三节　积分制在乡村善治中的作用

一、积分制的缘起

（一）何为积分制？

积分制（Merit Points Management）早期源于企业管理的需要，主要是指企业将积分考核与企业员工的表现联系在一起，用积分来反映和考核员工的具体表现，并将薪酬、奖金等待遇、福利与积分挂钩，以最终达到调动员工主观能动性的目的。由于积分制具有可量化、相对客观且能够实现优劳优酬，避免平均分配的优点，越来越多的企业选择使用积分制来管理公司，以使企业管理不断走向精细化。此外，积分制也被广泛运用于学校、图书馆、商家乃至政府的组织管理中。例如，有些高校出台了留学生积分制管理规定，提出留学生入学时给予基础积分10分，如学生出

现违纪，则根据扣分细则扣除相应的积分。而评估中小学则多将积分制应用于班级日常管理，将学生日常的学习行为、卫生习惯、参与集体活动等方面的表现均量化积分，并按周进行汇总排名，实施奖惩机制。幼儿园通过小红花对小朋友进行教育和引导的方式实际就是积分制的真实写照。图书馆则通过积分体系，将读者借书、还书、参与图书馆阅读推广活动、图书捐赠、志愿服务等转化为相应的积分值，用于鼓励读者充分、积极利用图书馆资源。在政府管理方面，2013年，《上海市居住证管理办法》出台，该办法采用积分制的形式，按照年龄、教育背景、专业技术职称和技能等级等各项指标设置加分、减分以及一票否决指标，目的在于为来沪人员提供透明、可预期的未来和更好的公共服务。

（二）何为乡村治理积分制？

积分制在农村的推广应用最早源于基层党建，主要用于党员参加学习、党组织活动的考勤以及考核方面。后经实践证明，积分制在农村事务管理中可以发挥积极效应，才逐渐被一些地区推广并应用于精准扶贫，用于激励村民参与村庄事务，改变他们的生活面貌。2018年，积分制首次写入中央文件——《中共中央 国务院关于打赢脱贫攻坚战三年行动的指导意见》，要求各地在脱

贫攻坚过程中推广积分制管理。至此，积分制成为一项行之有效的措施，被纳入乡村治理的范畴。所谓乡村治理中运用的积分制，是指在农村基层党组织领导下，通过民主程序，将乡村治理各项事务转化为数量化指标，对农民日常行为进行评价形成积分，并给予相应精神鼓励或物质奖励，形成一套有效的激励约束机制。如前所述，积分制的实施是管理精细化发展的需要，同样，积分制在乡村治理中的推广，也是乡村治理精细化、实效化的需要。积分制通过积分细则的制定，很好地解决了乡村治理中"参与什么、谁来参与、怎么参与"的问题。积分制一方面提升了基层治理的"末端触达"能力，推动了国家治理理念及相关制度在基层的落实，另一方面也提升了村民参与村级事务治理的积极性，有助于乡村善治目标的实现。

二、积分制在乡村善治中的重要作用

（一）积分制可以成为有效的激励手段

无论是"管理"还是"治理"，其根本都是通过管"人"和"事"来实现的，而"事"也是由"人"来做的，因此，都需要激励"人"有效地做事，才能实现预期目标。积分制是通过积分量化的办法，为每一个人设定具体、定量、可操作的明确目标，在相应的激励下，人们会自觉、努力地实现这些目标，并且能够对照积分要求进行自我检查和自我管理。在这一过程中，个人的主观能动性和工作热情就会被充分地激发出来。积分制之所以有效，原因在于它从人性和心理的角度实现了对"人"的有效激励，激发了其主动性和积极性。积分制践行的是积极管理原则，运用的是积极心理学中的一些理论概念，具体而言，主要有以下三种。

一是霍桑效应。霍桑效应是指当人们意识到自己正在被关注时，会刻意改变自己言行的一种反应。这个效应源自一家工厂的管理实验。霍桑是美国西部电气公司的一家分厂，1924年，为了提高电气公司的生产效率，该厂聘期包括心理学家在内的专家团队入驻工厂进行实验，试图通过改善工作环境、优化福利条件等外在因素来提升工作效率。研究人员单独挑选出来6名女工组成一个小组，作为研究对象，他们发现无论如何改变外在因素，这6名女工的生产效率都一直保持上升趋势。经过进一步调查分析，研究人员发现，造成这一结果的原因是这6名女工认为自己是被关注的群体，这种被关注的感觉激发了她们上进的积极性。其实，在生活中也有很多霍桑效应的案例，例如，你日常拍照发朋友圈，如果被很多朋友点赞，你就会觉得自己被关注了，就会更有动力去分享更多好的照片。积分制也是如此，积分制将一些行为习惯和表现用积分的形式表现出来，并通过排名等方式让其形成关注的点，人们在积攒积分的激励下，会对规划制度投入更多关注，更加积极地工作，以获得更多的积分，让自己的表现更优异。

二是反馈效应。反馈效应主要用于说明学习者对自己学习结果的了解具有强化作用，能够促进学习者更加努力地学习，从而提高学习效率。心理学家罗斯和亨利曾做过一个著名的反馈效应心理实验。把一个班的学生分成三组，让他们每天学习后就进行测验，测验后分别给予不同的反馈。第一组，每天告知学习结果；第二组，每周告知一次学习结果；第三组，只测验不告知学习结果。八周后将第一组和第三组的反馈方式对调，第二组反馈方式不变，实验也进行八周。结果是，当反馈方式改变后，第三组的成绩有突出的进步，第一组的学习成绩逐渐下降，第二组的成绩稳定提升。著名的积极心理学家马丁·塞利格曼也曾经指出，明确的目标和即时反馈是人们获得满足感和幸福感的重要条件。积分制实际上就是树立明确的目标和规则，并通过即时反馈，辅以积分排行及时反映人们的进步程度，由此带给人们满足感和幸福感，使之产生更大的前进动力。此外，积分制通过外在化的积分规

则，不仅使被考核方得到正向反馈，同时也可以通过扣分等负向激励使之知晓自己的不足之处，更有靶向性。

三是激励效应。林肯曾经说过："要想让牛走得快，必须要有刺激物给予它足够的刺激，以促使它前进。"心理学上把这种效应叫作"牛蝇效应"，也称为"激励效应"。在体育竞技领域又称其为"金牌效应"。美国心理学家马斯洛创立的需求层次理论指出，人们的需求可以划分为生理需要、安全需要、社交需要、尊重需要和自我实现需要五个层次。不同的需求层次需要不同的激励机制。例如，在企业中，当员工收入水平较低的时候，要激励员工进步，表现好就可以通过涨工资、发奖金等物质奖励形式，满足其基本生活需要；而随着公司的发展以及员工收入的增长，就需要完善企业文化，通过举办各种员工交流活动、提供旅游文化支持等满足其精神追求，同时也通过股权激励等方式激励员工自我价值实现，使其更具有主人翁精神。积分制管理可以通过合理的指标设计以及规则制定，以奖励积分进行正激励或负激励。同时，积分制排名也可以激发员工的竞争意识，提高工作积极性。此外，很多公司都将积分与物质或精神奖励联系起来，让积分制的激励效应更强。

（二）积分制在乡村善治中的作用表现

积分制在乡村治理中"生根发芽"，呈现很强的适应性，主要是由于其切合农村实际，简单易行，将农民群众心中所感、眼中所见转化为具体分值，让乡村治理由无形变有形，使软约束有了硬抓手、模糊感觉变为精确赋分，让大家的共识显性化，实现了"小积分"解决了"大问题"。中央农村工作领导小组办公室、农业农村部2020年下发的《关于在乡村治理中推广运用积分制有关工作的通知》中明确说明了积分制在乡村治理中的积极作用主要有以下四个方面。

一是积分制有助于增强基层党组织的领导作用。通过积分制将基层党组织联系和服务群众的工作常态化,有助于增强基层党组织的凝聚力,强化基层党组织在乡村治理中的领导地位。

二是积分制有助于推动乡村振兴重点工作。积分制可以将乡村振兴中的各个方面,例如乡村产业发展、乡风文明塑造、生态环境保护、人居环境整治等方面指标化、规则化。

三是积分制有助于提高农民参与乡村治理的积极性。"积分内容群众定,积分方式群众议,积分结果群众评",确保了群众的知情权和参与权,有助于发挥村民自治作用,引导农民群众主动参与公共事务,凸显农民群众在乡村治理中的主体地位,激活乡村发展内生动力。

四是积分制有助于提升乡村治理的精细化、科学化、透明化、规范化水平。积分制使基层治理有抓手,将复杂的村级事务标准化、具象化,让乡村治理工作可量化、有抓手,将农村基层治理由"村里事"变成"家家事",由"任务命令"转为"激励引导"。

三、积分制助力实现乡村善治现代化的路径

社会治理的现代化是实现中国式现代化的重要方面。社会治

理的现代化离不开社会生活的规范化、程序化和合理化,而这些都与标准化密切相关,没有标准化,就谈不上规范化、程序化和合理化。[①]党的十九届四中全会指出,要"健全充满活力的基层群众自治制度",需"着力推进基层直接民主制度化、规范化、程序化"。而积分制在规范化、标准化、程序化及合理化方面具有明显优势,有助于实现乡村治理现代化。具体表现为:

(一)积分制有助于乡村治理事务标准化

如前所述,基层治理的本质在于对"人"的管理,而涉及人的管理,就不可避免会受到人际关系的影响。这一影响在乡村熟人社会的圈子里更是如此,乡村治理中的任何单一的治理事务都可能牵扯比较复杂的人际关系。而传统乡村治理在内容和规则上是非标准化的,难免会受到熟人社会的影响,有时一件简单的事务也会牵扯到很多人或事,降低了乡村治理效率,影响了乡村治理效果,甚至有时还会造成干群以及村民间的矛盾。相比之下,积分制通过将乡村治理具体事务内容清单化、指标化,以积分细则的方式,明确了哪些行为纳入积分范围,使其在评价和管理过程中能够有标准化的依据。同时,积分制对村民行为量化积分后,还可以进行标准化评价。各项积分细则都对应着具体的加分项、扣分项以及分值,评价更为客观和可量化,这既有助于村民间的横向对比,同时也减少了因为熟人社会的人情干扰导致的评价偏差。

---

① 俞可平:《标准化是治理现代化的基石》,《人民论坛》2015年第31期,第44页。

积分制有助于
乡村治理事务标准化

积分制有助于
乡村治理程序规范化

积分制有助于乡村
治理奖惩更为合理化

（二）积分制有助于乡村治理程序规范化

在实施的过程中，积分制基本都有成文的实施细则，积分细则的调整办法、资料收集、积分认定、积分兑换规则等，均有具体的制度文本。不少地方在乡村治理中严格执行积分制。例如，青岛西海岸新区宝山镇大陡崖村规定每月的最后一天为积分核定日，由村里的"乡村治理领导小组"和"运行评价委员会"参与评议。评议过程中，需要对各项积分的认定依据进行核实，并统一核算，核算后进行公示，待公示无异议后再提交，进行最终的德育积分兑换。

一方面，积分制治理程序的严格和规范源于上级推行过程中的要求。例如，青岛西海岸新区就专门出台了《西海岸新区推广"德育银行"[①]乡村治理模式实施方案》，从政府层面明确了积分制细则框架，提供了积分制推进程序与评议办法的规范性文本，并要求镇、村严格依照范本实施。为了保障积分制的推行规范化落实，青岛西海岸新区还创新了"政府主导+企业专业化运营"的新模式，为规范化落地实施提供了更为专业的社会化服务。另一方面，积分制推行的程序规范化也顺应了村民对村级事务及乡村治理公平性的监督要求，因为积分兑换关系到村民的物质奖励，积分排行榜也事关村民的"面子"问题，因此，村民对积分制执行的规范性和公平性也更为关注，这也在一定程度上进一步促进了积分制的程序规范化。

---

① "德育银行"为德育乡村模式的初始命名，后经过实践发展，更名为"德育乡村"，下文同。

（三）积分制有助于乡村治理奖惩更为合理化

要实现乡村的善治良序，需要约束、治理诸如铺张浪费、封建迷信等不良行为，推动形成文明乡风、良好家风和淳朴民风。传统的乡村治理中，对一些不良行为的约束往往靠村委自治管理，但由于没有形成规章制度，对于高彩礼、人情攀比等不触及法律法规的行为，往往缺乏有效的惩戒措施。而积分制治理是以标准化的评分体系和规范化的运行作为奖惩基础，使奖惩更加"师出有名""有则可依"。

四、乡村治理积分制取得的成效

近年来，各地按照中央要求积极探索创新乡村治理方式，一些地方以积分管理为主要形式，从农民群众最关心、最迫切的身边事入手，将乡村治理重要事务量化为积分指标，民主形成评价办法，对农民群众日常行为进行评价积分，并根据积分结果给予相应激励。积分制切合农村实际、简单易行，凸显了农民群众在乡村治理中的主体地位，密切了党群干群关系，强化了基层党组织的堡垒作用，创新了自治、德治、法治"三治"结合的载体，提高了乡村治理效能。具体表现在以下五个方面。

（一）基层党组织的堡垒作用更加强化

各地在探索实施乡村治理积分制的过程中都着重强调了基层党组织的引领作用，突出党对乡村治理工作的全面领导，强化党员示范带头作用，把党员和群众紧密团结在党组织周围，有效推动了组织建设、产业发展、乡村建设、村民自治等工作，形成了

第一章　积分制：乡村善治的新抓手

基层党组织的堡垒作用更加强化

乡村善治基础更为夯实

农民主体地位更为凸显

乡村治理效能显著提高

村务管理效率显著提升

党组织有任务、党员有责任、群众有义务、社会组织参与的共享共治局面。以青岛西海岸新区的德育乡村项目为例，自德育乡村项目实施以来，试点村党员月度积分较全镇普通村民平均高出31.6%，并呈现逐月递增趋势，增幅高达27%，党员"头雁"作用发挥更加突出。其中，宝山镇783名党员参与联户，占50岁以下党员总数的92.9%，他们主动为困难群众修缮房屋，为老人提供卫生清理、做饭洗衣等服务，涌现出一大批党员干部积极主动担当作为的生动事例。在党员的模范带动下，大陡崖村的党员群众对村级党组织的认可度由过去的85%提高到95%，群众积极向党组织看齐、向党组织靠拢，先后有6名群众向党组织递交了入党申请书，群众入党热情高涨。

（二）农民主体地位更为凸显

农民是乡村治理的主要参与者和直接受益者。但如前所述，在传统乡村治理过程中，不少农村都面临着农民群众长期游离在村庄公共事务之外的情况，"政府干，群众看""事不关己，高高挂起"的情况时有出现。农民没有参与村庄公共事务的积极性，乡村治理难以取得良好效果。积分制将各类村级事务和农民行为量化，充分调动村民的积极性、主动性、创造性，使之广泛参与到积分制框架体系的搭建、积分和兑换比例的设定等工作中，并通过制定与积分结果挂钩的奖惩措施，将"要我参与"变成"我要参与"，有效提升了村民自我管理、自我服务、自我教育和自我监督的意识，成功使社会治理工作触达基层，真正实现了乡村治理由"村里事"变"家家事"。

（三）村务管理效率显著提升

随着城镇化的快速推进，传统乡村社会稳定所依赖的血缘、地缘关系都在逐渐减弱，熟人社会的习俗约束力降低，而乡村治理积分制对村民行为有了具体的评价标准，把乡村治理事务由过去自上而下的推动，变为宣传群众、动员群众、服务群众、激励群众自觉参与的过程，把琐碎的乡村治理事务变为群众的一种自觉行为、一种生活方式。很多地区的积分制体系都融合了德治内容，将互助互爱、移风易俗、勤劳致富、好人好事、良好家风、公益活动等纳入积分管理，为行为规范立标尺、给新风良俗加分值,"存进去的是美德,取出来的是荣誉",群众的荣誉感和获得感进一步增强,形成了"村庄发展我受益、我为村庄作贡献"的浓厚氛围。调查数据显示,青岛西海岸新区实施乡村治理积分制(德育乡村模式)以来,村级组织事务的工作量同比下降50%,邻里矛盾纠纷同比下降30%,村级组织工作效能大幅提升,村"两委"干部可以腾出更多的时间和精力从事村级党建工作、招商引资、发展产业、解决群众就业等关乎村庄发展的大事。

(四)乡村治理效能显著提高

有的村基层党组织的凝聚力、号召力和战斗力不强,集体经济薄弱,村干部在乡村治理过程中缺少抓手和创新,面临着"老办法不能用、新办法不会用,软办法不顶用、硬办法不敢用"的困境。积分制把纷繁复杂的村级事务标准化、具象化,解决了乡村治理工作"没依据、没抓手、没人听"的问题,并且将村级事务与村民利益紧密联系起来,让乡村治理由"任务命令"转为"激励引导",村干部和农民群众形成了共同目标,节约了管理成本,提升了治理效能。青岛西海岸新区的宝山镇实施乡村治理积分制后的半年时间里,群众自发清理"四大堆"(粪堆、草堆、土堆、垃圾堆)7600余处,主动拆除违章建筑8000多平方米,家家房前屋后卫生比着干,户户门口公共绿化争着管,仅人居环境整治一项就节约环境整治、设施管护等人工、机械费用80余万元,化解矛盾纠纷及历史遗留问题164起,矛盾纠纷化解率95%以上。

(五)乡村善治基础更为扎实

乡村治理积分制将"自治、法治、德治"三治合一的治理理念变得显性化、具体化。除了发挥村民自治作用，很多地方还在积分制实施过程中充分发挥新乡贤、"五老"（老干部、老战士、老专家、老教师、老模范）等群体作用，通过建立村民议事会、法律服务团、道德评议团、法官工作站、人大代表工作站等监督评议组织，共同参与乡村治理，形成了共建共治共享的乡村善治格局。实践证明，运行效果好的积分制都充分体现了自治、法治和德治的有机结合，将各种治理方式融入积分制，让乡村事务管理更加高效。青岛西海岸新区在实施"德育乡村"积分制的过程中，在"德育乡村"App中开辟了普法宣教板块——法治云课堂，目前已上线普法动画、普法微剧等视频73个，其中包含《中华人民共和国宪法》《中华人民共和国民法典》等多部法律以及安全生产、防灾减灾、扫黑除恶、环境保护、土地保护、农民工权益保障、老年人及妇女儿童权益维护等与群众密切相关的内容。普法视频将抽象的法律条文转变为生动的画面语言，易学易懂。将"德育乡村"App拓展为农村"法治带头人"和"法律明白人"的培养平台，让群众共享法治红利。此外，"德育乡村"App还打造了特色化的"德育频道"，展示镇村的特色内容，播放自主创编的《退低保》《垃圾风波》《明月》等小品、戏曲、秧歌等群众喜闻乐见的文艺作品，提升村庄向心力和凝聚力，以新形式弘扬文明新时尚，营造良好的社会风气。

第四节　乡村治理积分制的推广现状

近年来，各级政府也纷纷开始探索推进乡村治理方式和治理手段转变的创新模式。2019年，农业农村部下发了国家首批20个乡村治理典型案例，供各地参考，其中，湖南省娄底市油溪桥村的村级事务管理积分制模式位列其中。2020年，中央农村工作领导小组办公室、农业农村部联合下发的《关于在乡村治理中推广运用积分制有关工作的通知》指出："实践证明，积分制可以有针对性地解决乡村治理中的重点难点问题，符合农村社会实际，具有很强的实用性、操作性，是推进乡村治理体系和治理能力现代化的有益探索。"该通知还提出，要随着农村发展的新情况新变化，适时调整积分内容和评价标准，建立动态管理、操作性强的积分体系。要"创新积分制在乡村治理中的运用形式"，"鼓励各地充分运用信息化手段等方式开展积分数据收集、汇总及统计等工作，优化完善日常管理"。2021年9月，农业农村部办公厅、国家乡村振兴局综合司在《关于印发乡村治理典型方式工作指南的通知》中将积分制作为乡村治理三种典型方式加以推广。2022年"中央一号文件"和2022年5月中共中央办公厅、国务院办公厅印发的《乡村建设行动实施方案》中均提出要推广积分制、数字化等治理方式和典型做法，推动建设充满活力、和谐有序的善治乡村。2023年国家乡村振兴局在《关于落实党中央、国务院2023年全面推进乡村振兴重点工作部署的实施意见》中提出,"引导地方拓展积分应用领域,创新积分载体平台,扩大积分制覆盖范围,激发农民参与村级公共事务的积极性"。这些都表明,乡村治理积分制的推广已经进入了从典型试点到全面推广的新发展阶段。

不少地方都自发探索乡村治理积分制,并在地方试点的基础上进行了推广。据农业农村部的数据,截至2020年7月,江苏省有8个县在整县推进乡村治理积分制,103个乡镇和1590个村开展积分制管理;山东省济南市全域推进"积分+扶贫"模式,覆盖了1006个贫困村;宁夏回族自治区固原市2019年出台了专门的指导

意见，在全市5个县（区）62个乡镇的180个行政村推广乡村文明实践积分卡制度。随着积分制在"中央一号文件"等重要文件政策中被反复提及，各地方更是加大了对乡村治理积分制的推动力度。2022年，广西壮族自治区农业农村厅、乡村振兴局下发了《关于加快推广运用"积分制""清单制""数字化"等乡村治理典型方式的通知》，强调指出要"调动各部门和各类社会组织力量参与，形成协同推进'积分制'合力"。2022年9月1日开始实施的《广东省乡村振兴促进条例》中也明确提出要在广东省全省范围"推行乡村治理积分制、清单制"；2022年9月28日通过的《河北省乡村振兴促进条例》也提出"推广好人好事登记宣传、文明积分等做法"；江西省乡村振兴局通过建队伍、建平台、建机制等"三建三促"工作法推进积分制运用。

各地对积分制的探索形式多样、亮点纷呈。例如，上海市奉贤区"生态村组·和美宅基"、江西省新余市"晓康驿站"、山东省青岛西海岸新区的"德育乡村"、湖南省津市市"爱心存折"以及河南省济源市轵城镇"道德积分储蓄站"、广东省肇庆市大沙镇用"碳积分"推动人居环境整治。作为一种乡村治理新模式，积分制在各地有了很好的探索，但总体看依然处于起步阶段，内容标准有待进一步优化，应用范围有待进一步拓宽，常态化推进机制有待进一步健全。党的二十大报告中对乡村振兴提出了进阶要求，即"全面推进乡村振兴"，并提出要"加快建设农业强国，扎实推动乡村产业、人才、文化、生态、组织振兴"。全面推进乡村振兴对乡村治理也提出了更高的要求，积分制、清单制等有效手段也会加快推进。而要确保积分制行稳致远、在乡村治理中发挥持久积极作用,就必须要高度重视积分制的规范管理,设置指标要充分考虑群众意愿,广泛征求群众意见,细化指标、赋予权重符合实际、科学合理。要建立健全积分制运行制度和管理办法,执行阳光程序,全过程公开操作,鼓励农民群众自评、群众之间互评、干部考评等方式相结合。

第五节　典型案例分析

2020年,中央农村工作领导小组办公室、农业农村部在《关于在乡村治理中推广运用积分制有关工作的通知》中提供了全国8个典型案例。通过对这8个典型案例及2021年以来各地涌现出的一些乡村治理积分制创新做法的分析,可以看出,乡村治理积分制做得好的地方具有一些共同特点,例如:坚持党建引领,发挥党员模范作用;积分制运行程序规范化;充分尊重村民的主体性;大都划分了较小的治理单元,通过网格化、小组化等方式,使积分制落地更为精细化和精准化;在积分指标体系的选择上都能体现"自治、德治和法治"三治合一的理念。除此以外,还有些典型案例的特色做法值得梳理,以供参考。

一、奖罚一体,阶梯奖励,强化积分的激励效应

2017年,上海市奉贤区提出以村民小组为单位,开展"生态村

组·和美宅基"创建工作,积分达标后给予一定奖励,促进组内村民自我管理,加强"生态和美"村组建设。"生态村组·和美宅基"积分制将村民小组作为治理单元,奖罚一体,只要小组内一户不达标,即视为整个村民小组不达标,以此来培养村民的集体荣辱观念。此外,还设置奖励阶梯,突出村民小组长的作用:新一轮创建(2020—2022年)设置积分星级,积分五星、四星、三星村组按户分别奖励3000元、2000元和1000元。同时,对于村民小组长额外发放1000元、800元和500元。整建制达标的在原来积分奖励基础上,按五星、四星村组每户分别增拨1000元/年、500元/年,村民小组长每年分别增发500元、300元。通过这种方式,充分激发村民小组共同创建的积极性和主动性。

二、分类推进,因户施策,突出积分制落实的精细化

2022年,"中央一号文件"中提出要推行乡村治理的精细化服务,如何精细化是值得探讨的课题。以江西省新余市的"晓康驿站"为例,其精准施策的理念值得参考。

"晓康驿站"以村为单位设立,主要围绕贫困户在产业就业、乡风文明、家庭美德、工作配合等方面的表现进行积分评比。具体推进过程中采取分类推进的方式,无论是建站地点的选择还是服务对象方面,都采取因地制宜、逐步推进的方式,不搞"一刀切"。同时,在实施过程中始终坚持精准方略,紧扣每个贫困户脱贫短板、弱项和痛点,精准实施激励和约束。例如,在正向激励方面,对于有劳动能力的农户,评分侧重于激励自主发展生产、创

业就业；对于丧失部分劳动能力的，评分兼顾产业就业和乡风文明、家庭美德、工作支持等；对于丧失劳动能力的，评分则侧重于乡风文明、家庭美德等方面；对于有"等要靠"思想、参与热情不高的，注重提高自力更生、劳动致富方面的分值。

三、群众点单，志愿接单，形成乡村共建共治共享新格局

共建共治共享是乡村善治的重要目标之一，如何通过积分制让社会力量与村民之间建立有效联系，引导党员、群众、志愿者共同参与乡村治理？湖南省津市市的"爱心存折"模式提供了较好的借鉴经验。2019年，该市创新推行农村志愿服务"爱心存折"制度，开设"爱心服务群众点单"专栏，实行"点单＋派单"模式，因事而设、因需而送，将环境保护、尊老爱幼、村组建设等内容纳入"服务清单"，精准对接群众需求。通过"群众点单＋志愿接单"方式，累计为群众实现了"微心愿"2100多个。同时，还创新了积分可捐赠制度，志愿者可以将自己的积分捐赠给需要帮助的群众，受赠者可以在兑换点兑换日常生活用品，也可以申请免费享受同等的志愿服务。

四、数字加持，专业运营，实现积分制可持续运营

发端于青岛西海岸新区的"德育乡村"顺应乡村治理数字化转型趋势，搭建了德育积分数字化管理平台，构筑了动态发展的乡村治理德育评价体系，实现联户党员线下实地看、实时上传、

线上评分，方便村民通过手机终端"德育力量"App或小程序了解自己的积分加减明细、村内排名、可享受的权益，以及村庄"三务"（党务、财务、村务）信息等，提高村民对村庄事务的知晓度、参与度和认可度。同时，为了实现积分制落地的规范化和程序化，青岛西海岸新区还创新了"政府主导＋企业专业化运营"的乡村治理模式，发挥企业运营方面的专业优势，摸索出行之有效的"十个一"工作法，即"开展一次调研""组建一套班子""进行一次动员""做好一系列培训""部署一个平台""举办一场活

动""建设一个站点""策划一次开业""呈现一套资料""组织一次观摩",使乡村治理积分制更为系统化地运行,实现可持续发展。

第二章

乡村善治积分制指标体系的构建

标准化、规范化是乡村治理现代化的重要标志，也是乡村善治的基础。乡村治理积分制的有效实施有助于实现乡村治理现代化。一套科学合理、简便易行的积分指标体系则是实现标准化的基础。乡村治理积分指标体系构建主要包括三个维度：一是指标维度，即积分指标的主要方面；二是具体指标维度的内容，即每个指标维度里的具体评分标准；三是每个指标维度的赋分权重。如何合理确定积分指标体系的主要维度，使之与乡村治理工作相契合？如何使每个维度的子指标更容易理解与执行，助力乡村治理工作的推进？如何使积分指标及其赋分标准更能体现村民的主体性，提升村民参与乡村治理的积极性？这些都是需要县乡各部门及镇村基层干部进行深度思考的问题。

从当前实践经验来看，由于目前各地大都处于典型示范阶段，各地在实施乡村治理积分制的过程中，对于指标体系的设计各具特色、各有千秋，一般是围绕乡村治理的重要工作展开，例如：人居环境整治、乡风文明、遵纪守法等，并围绕指标体系制定了具体的积分细则。但随着乡村治理的不断深入，当下在实际工作开展时存在的一些问题可能会影响积分制的进一步推广和深化。例如：有的地方积分指标体系是由县、乡一级统一确定与发布，一些子指标在村级层面的适用性偏弱，有些村民甚至认为这些指标体系与上级的"行政命令"没有区别,仍然是被动接受的思维,主动参与意识不强;有的地方在积分制推行试点过程中,主要以村级为实施主体,积分指标体系构建以村规民约为主,村与村之间的指标设置、权重比例均有较大差异,不便于横向比较,更不便于县、乡政府对乡村基层治理动态的及时把控,县乡村三级缺乏有效联动;在具体实践中,有些试点村的指标体系设置烦冗,同一个方面,既有扣分项,又有加分项,且扣分项与加分项之间分值不统一,增加了积分制执行的难度。

2020年,中央农村工作领导小组办公室、农业农村部下发的《关于在乡村治理中推广运用积分制有关工作的通知》指出,"要随着农村发展的新情况新变化,适时调整积分内容和评价标准,建立动态管理、操作性强的积分体系"。因此,在持续推进乡村治理积分制的过程中,需要对积分指标体系进行系统性总结和标准化设置,以积分制为抓手,更好地促进县乡村三级联动,同时也要体现农民的主体地位,激发其参与乡村治理的主动性。

第一节　构建县乡指标库

当前,省、市、县各级政府涉及乡村治理的部门达数十个之多,而所有的部门政策最终都要到镇、村等"最后一公里"进行落实,这种"上面千条线,下面一根针"的情况使得基层乡村治理往往缺少抓手,无法很好地考核政策落地效果。面对这种情况,需要通过梳理相关部门的工作清单,在县乡级层面构建相对统一的积分指标库,将分散在各部门间的乡村治理工作任务,以指标清单的形式直接触达基层村庄,发挥积分制的抓手作用,以便形成政策合力,提高政策效果。

一、构建县乡指标库的意义

"上面千条线,下面一根针",要想让基层工作有效地触达基层一线,就必须要有科学、合理的方法来"引好"上面的千条线,让基层的"一根针"能够更有针对性地运行。具体而言,构建县乡指标库可以解决以下三个痛点:

(一)县级以上职能部门乡村治理缺合力

2019年,中共中央办公厅、国务院办公厅联合下发《关于加强和改进乡村治理的指导意见》(以下简称《意见》)。《意见》指出要"加强部门联动,建立乡村治理工作协同运行机制。党委农村工作部门要发挥牵头抓总作用,强化统筹协调、具体指导和督促落实,对乡村治理工作情况开展督导,对乡村治理政策措施开展评估。组织、宣传、政法、民政、司法行政、公安等相关部门要按照各自职责,强化政策、资源和力量配备,加强工作指导,做好协同配合,形成工作合力"。按照实施乡村振兴战略的总体要求,《意见》共提出了17项重点任务,这些重点任务在具体落实过程中都分解到了不同的职能部门。以农村人居环境整治为例,中央农办、农业农村部等18个部门联合下发了《农村人居环境整治村庄清洁行动方案》,这18个部门还仅仅是中央部委层面,落实到省、市、县层面，所涉及部门可能要更多。对山东省某区县2021年乡村振兴工作考核指标进行梳理发现，与乡村治理工作相关的部门涵盖了组织部、宣传部、民政局、农业农村局、自然资源局、住房和城乡建设局、城市管理局、政法委、公安局、信访局、法院、纪检委、妇联等十余个部门（具体任务分解见表2-1）。从表2-1中可以看出，乡村治理在职能部门间的任务既有分工，又有交叉，部分任务甚至同时涉及多个部门。这些职能部门在具体工作落实中有时会造成一定的政策资源重复或浪费。

表2-1　县乡级乡村治理相关任务分工及责任单位

序号	任务分类	主要任务	责任单位
1	村级党组织建设	发挥党员在乡村治理中的先锋模范作用	组织部
2		规范村级组织工作事务	组织部
3		增强村民自治组织能力	组织部
4		丰富村民议事协商形式	民政局
5		全面实施村级事务阳光工程	民政局
6		发展壮大村级集体经济	农业农村局、组织部
7		推动"村改居"社区转型	组织部、民政局、农业农村局、自然资源局
8		党组织领导的村级工作规范运转	民政局、组织部
9	农村人居环境改善	农村"厕所革命"	住房和城乡建设局
10		农村生活垃圾分类处理	城市管理局、农业农村局
11		农村清洁取暖建设推进	城市管理局
12		美丽乡村示范村建设	农业农村局
13		村庄清洁行动开展	农业农村局
14		美丽村居建设	住房和城乡建设局
15		美丽庭院建设	妇联

续表

序号	任务分类	主要任务	责任单位
16	文明实践与文化惠民	深化文明实践	宣传部
17		深化移风易俗	宣传部
18		实施乡风文明培育行动	宣传部、文明办
19		发挥道德模范引领作用	宣传部
20	法治乡村建设	推进法治乡村建设	司法局、农业农村局
21		加强平安乡村建设	政法委、公安局、信访局
22		健全乡村矛盾纠纷调处化解机制	政法委、司法局、法院
23		加大基层小微权力腐败惩治力度	纪检委、民政局
24		加强农村法律服务供给	司法局

（二）基层治理任务繁、多、杂，落实有困难

省、市、县三级职能部门的乡村治理工作最终都需要镇、村等基层来具体落实，这在一定程度上造成了基层社会治理负担过重。一些基层组织疲于应对上传下达的任务，上级哪个部门要求严、催得紧就赶紧完成哪项任务。同时，在对基层乡村振兴实绩的考核中也加大了对乡村治理相关事项的考核比重，比如某乡镇的考核方案，涉及乡村治理工作事项占分比重就高达70%。乡村治理在县乡级的工作涉及部门较多，工作任务内容杂，比如乡村治理的17项重点任务全部以考核形式下达到村级后，给村级造成较为沉重的工作负担的同时，一些考核工作缺少有效抓手助推落地。很多时候，县乡对镇村的考核过多又近乎没有考核，落实实效有待提升。

（三）乡村治理工作考核缺抓手

《意见》中指出，要"将加强和改进乡村治理工作纳入乡村振兴考核。将党组织领导的乡村治理工作作为每年市县乡党委书记抓基层党建述职评议考核的重要内容，推动层层落实责任"。如前所述，乡村治理大多是与"人"打交道，一些工作在触达村民层面的过程中，如何考核评估相关部门乡村治理工作效果，还缺少有效的抓手。虽然现在为了强化乡村振兴实绩考核，很多地区都出台了赋分制的考核办法，但涉及乡村治理工作的考核有时缺少一些量化指标的支撑。例如：文化下乡、普法宣传，其效果如何？乡村居民的接受程度如何？哪些服务更受欢迎？等等，这些目前都缺少必要的评估抓手。"每个人到底干了多少活，没人说得清，发的传单究竟有多少人看了，有多少村民真正接收到了信息，这些都很难说得清。"一位县里负责普法的工作人员曾经如是说。

因此，通过"清单式"梳理县乡政府各部门的乡村治理工作，并在此基础上构建县乡指标库，将触达村民方面的任务以"积分制"为抓手落地实施，既可以在县乡一级的各个部门之间形成政策合力，节省较多人力，提高工作效率，同时，将指标任务下发到镇村，镇村落实后数据实时在数字化平台更新，使得工作量化可追踪；任务下达和任务完成后数据汇总的双向互动，可积累大量与乡村治理相关的数据资料，这些数据为政府及时掌握乡村治理动态提供了有效支撑。

二、构建县乡指标库遵循的原则

（一）坚持以群众需求为导向

编制清单指标不能过分求多求全，要以问题为导向，针对本地突出矛盾、基层干部群众关注的突出问题，确定清单指标库。必须立足乡村治理的痛点和难点，以解决乡村治理实际问题为方向，从问题中找办法，用务实管用的积分指标精准施策，靶向破难，确保解决突出矛盾问题，实现有效的乡村治理。

（二）坚持系统思维

推进乡村治理是一项系统性工程，必须牢固树立县乡村一体化联动的系统思维。在推进乡村治理工作中，通过制定合理的县乡指标库，以积分为抓手，强化不同部门、不同领域之间的协调联动，以积分指标的形式，整合优化部门间的交叉、重叠的工作任务，力争用简便的一项指标、一个功能模板，解决多个部门的任务需求。破解"上动下不动、上急下不急"现象，形成县乡村三级上下联动、左右联合、协同共推的局面。

（三）坚持动态调整

随着新型城镇化战略、乡村振兴战略全面推进，乡村治理的环境及重心也在不断调整。因此，在制定县乡指标库时，要适时对指标体系进行动态调整，以确保积分指标可以与乡村治理的现实需求相匹配。要用动态的、发展的眼光去看待乡村治理问题，不能主观地、静止地分析问题。要随着农村发展的新情况新变化，适时调整积分内容和评价标准，建立动态管理、操作性强的积分体系。通过定期召开部门协调会议，及时了解乡村治理发展的动态及现实需求，并对乡村治理发展趋势进行预判分析，从而更有效地明确指标体系动态调整的范围和程度，实现部门工作协调及治理有效。

（四）坚持实效优先

2022年"中央一号文件"中提出要突出实效改进乡村治理。在县乡指标库的构建过程中，要强调积分与现有治理任务的有效融合，找准融合点，尤其是根据各项重点工作任务需要，通过积分加倍、指标细化、设立主题积分月等多种形式，变"虚功"为"实效"，有效刺激村民参与积分热情，加大重点工作的部署落实力度，确保乡村治理工作推进有力、落实有效。

三、构建县乡指标库的流程

要将积分制作为乡村善治的重要抓手，其指标就必须要与乡村治理大政方针相一致，使其能够真正推动和实现乡村善治的目标。因此，梳理县乡指标库首先要建立在对乡村治理方针政策的准确理解上。党的二十大提出要建立"宜居宜业和美乡村"，那么深入理解"宜居""宜业"和"和美"内涵，就是构建当前乡村善治积分指标库的重要遵循。所谓"宜居"，就是要完善村居环境和基础设施，提升公共服务便利程度；所谓"宜业"，就是要将乡村建设与产业发展相融合，促进城乡要素相互流动融合；"和美"则更注重物质文明和精神文明一起抓，振兴乡村传统文化，培育文明乡风、良好家风、淳朴民风。从已有的实践案例来看，很多地方的指标体系构建都是以村为单位，虽然有大类指导，但实际运用过程中，每个村的指标构成都有差异，不便于比较和整合。构建县乡指标库，使核心指标体系相对固定，一方面，使其在大方向上符合"宜居宜业和美乡村"的目标要求，便于形成部门协同、政策合力；另一方面，有助于对乡村治理整体发展动态的把握判断，为后续的全域乡村治理动态分析提供数据支撑。具体而言，在构建县乡指标库的过程中，需要以下五个步骤。

（一）梳理清单

县乡成立统筹领导小组，并确定牵头部门，由牵头部门负责组织召开相关部门的座谈交流会。梳理中央、省市有关"宜居宜业和美乡村"建设的具体政策要求，将与乡村全面振兴，尤其是乡村善治有关的重点工作罗列清单，并统一整理汇总。

（二）筛选指标

在部门工作清单的基础上，将所有需要触达村民层面的任务清单筛选出来，并将其全部转化为积分指标，进行汇总、分类，初步确定积分制的指标维度。以青岛西海岸新区的"1+5+N"的积分指标体系为例，其中"1+5"为县乡核心指标库，共包括6个维度。其中：1是党建引领，突出党对乡村振兴工作的全面领导；5是指5美，即环境保护美、睦邻和家美、乡村发展美、公益奉献美、自治守法美。这5美指标也积极响应了"宜居宜业和美乡村"的目标要求，其中环境保护美是从人居环境的角度来实现"宜居"的目标，而乡村发展美则是强调以乡村治理促进产业发展，突出指标在"宜业"方面的引导作用，睦邻和家美、公益奉献美和自治守法美则重在"和美"二字上下功夫。在明确了大方向的基础上，再进行初步的指标筛选，例如，在环境保护方面，可以设计多个指标。例如：房前屋后、三包区域的卫生状况；生活污水排放；垃圾分类；户厕改造及使用等。初步筛选出二级指标，使各方面的指标更容易落地实施。

（三）确定指标

在梳理清单并明确基本指标库后，可通过头脑风暴、调研座谈、专家打分等形式，请县乡分管领导、相关部门的工作人员等对当前的指标及其权重进行评价并给出建议，以进一步优化指标体系，使其更好地符合部门政策落实及形成合力的需要。此外，通过调研座谈和专家打分的形式，也可以提升指标构建的科学性和标准化程度，更有利于后续的推广。

（四）动态调整

县乡指标库的指标要根据国家政策要求及乡村治理的发展动态适时调整。可以每半年或一年召开一次主要部门负责人座谈会，根据各部门工作的推进情况，对指标的设置提出改进意见；同时，也要下沉到村一级，了解村级落实积分指标的实际情况，听取村"两委"及村民代表的意见和建议。在综合不同部门、不同群体意见的基础上，结合对上一年治理数据的深入分析研判，每年年初对指标体系进行相应的优化与调整。

（五）总结评估

乡村治理积分指标的确定是为了更好地提供乡村治理评估可量化、可比较的科学抓手。因此，在确定县乡指标库后，要定期

（月汇总、季总结、年考核）梳理县乡指标库触达村级的任务完成情况，撰写县乡乡村治理年度总结评估报告，为分析基层社会治理工作方面的问题点、需求点提供科学有效的数据支撑，也为县乡对基层社会治理工作的考核评价提供工具抓手，着力提升基层治理精准化精细化水平。

第二节　村级指标体系的构建

在县乡指标体系的基础标准下，每个村因地制宜、因时制宜，根据村情民风，按照"一事一议"的原则，灵活、动态地添加一些特别的评价标准，坚持"一村一策"的治理模式和引领方法。因此，在确定县乡指标库的核心指标之后，还需要根据每个村的具体情况，设置适合村庄需要的村级指标。以青岛西海岸新区"德育乡村"为例，其"1+5+N"的指标体系中"1+5"是由县乡两级的指标库来确定核心指标，而"N"部分的设计则是充分体现村民的主体性，根据村庄发展过程中的重要事项和临时需求定向增加任务指标，将其作为指标体系中的其他N项标准，在村民充分参与的前提下由村委自行制定。

一、构建村级指标体系的意义

（一）坚持农民主体地位的必然要求

《关于在乡村治理中推广运用积分制有关工作的通知》中明确指出，要确保农民群众广泛参与其中，"依托村民自治组织和各类群众性协商活动，将积分的主要内容、评分标准、运行程序等环节交由群众商定，广泛征求农民群众意见和建议，让农民群众全程参与积分制的制度设计，确保积分制符合农民群众意愿，维护农民群众民主权利"。充分尊重村民主体地位，倡导"事从民需、策由民定、绩请民评"，以村民家庭为单元，着力构建共建共治共享的积分治理体系，为乡村治理赋能增效。乡村治理必须坚持农民的主体地位。要坚持农民主体地位，关键是保障好农民群众的知情权、参与权、决策权、监督权，在村规民约的制定、积分指标的选择、积分分值及权重的确定等方面，都要让村民充分参与进来，让老百姓自己"说事、议事、办事、主事"。

（二）创新乡村基层治理方式的迫切需要

乡村治理落脚点在农村，核心在干部，而关键在落实。创新乡村基层治理方式，需要重心下移，坚持把村庄作为推进乡村治理和提升公共服务的立足点。这就对村"两委"干部提出了更高的要求。有些村干部在面对村庄发展出现的新局面、新问题时，往往会面临"新办法不会用、老办法不管用，硬办法不敢用、软办法不顶用"的情况，出现了因"害怕担责不敢作为、缺少激励不愿作为、本领欠缺不会作为"的"三不为"苗头。这就对创新乡村治理工作方法、改变基层干部思维方式、创新乡村治理手段提出了更高的要求。赋予村集体自行组织、确定村级指标的权力，一方面为村干部进行村庄事务管理提供了科学、有力的抓手，另一方面也有助于其发挥主观能动性，结合村庄发展需要进行管理创新，提升村干部为民办事的能力。

（三）满足村庄差异化治理的现实需求

治理有效是乡村振兴的重要基础和保障，是实现乡村产业振兴、文化振兴、人才振兴、生态振兴和组织振兴的重要基础，要将乡村治理融入村庄的整体发展之中。大多数村庄经过长期的发展积淀，形成了各具特色的历史、文化和产业。要让乡村治理积分制更好地服务于村庄自身的发展，就必须要在县乡指标库的基础上，根据村庄产业发展需要，在尊重村庄的风俗习惯、充分发挥村规民约作用的基础上，制定一些具有村庄特色的指标，使其能够更好地为村庄发展服务。

二、构建村级指标体系的原则

（一）坚持村民为主体

坚持以村民为主体，在指标选择及赋分细则方面要符合村规民约，并通过召开村民代表大会，征询各家各户意见，充分收集村民群众的建议。从已有的实践经验来看，乡村治理积分制之所以能够取得显著成效，得到广大群众的认可，很大程度上是由于在积分制实施过程中，充分尊重村民的意愿，真正做到了"策由民选、规由民定、分由民评"，让乡村治理积分制的每个环节都做到村民知晓、参与并理解。

> **青岛西海岸新区指标体系由民定**
>
> 铁山街道别家村召开村民代表大会,确定"德育乡村"初步评价指标。村民们各抒己见,有村民提议,积极参加农家书屋阅读活动的村民应该获得加分。大家伙儿都觉得有道理,通过加分可以激发村民阅读兴趣,提高他们的文化素养,也能更好地发挥农家书屋的作用。最后大家一致通过将此项列入别家村"德育乡村"评价指标体系,参加农家书屋阅读活动的村民每人可获得5分。

(二)坚持突出特色

在县乡指标库的基础上设计村级指标的主要目的是满足村民自治以及村庄特色发展的需要。因此,在设计村级指标体系时,要始终围绕村级特色发展需要。例如,有的村庄以发展乡村旅游为主,需要村民及乡村旅游从业者遵循市场管理的规范要求,维护村庄旅游发展的良好生态。指标体系的构建是为实现村庄良序善治服务的,最终要满足村庄长远发展的需要。当然,村庄也可以根据阶段性发展需求,进行个性化、专题化积分指标设置,以应对不同情况的需求。

> **青岛西海岸新区围绕乡村宜业设计指标**
>
> 铁山街道黄泥巷村以乡村旅游发展为特色,是青岛西海岸新区知名的"网红巷",很多游客慕名前来打卡留念,

村里的农家宴和民宿迅速红火起来。百年老村风貌发生了很多变化，许多外出务工的村民纷纷回村开店。为了督促村民及乡村旅游从业者遵循市场管理的规范要求、维护村庄旅游发展的良好生态，在"德育乡村"指标体系构建中，纳入"积极贡献土地资源，支持村庄美化、绿化工作""积极宣扬红色文化""积极为游客提供服务"等与农家宴、民宿乡村旅游相关的指标，赋予村庄可持续发展的生命力。

(三)坚持量入为出

所谓的量入为出,是指积分体系设置与村集体经济收入水平要相适应。积分制的实施虽然不以物质激励为主,但在实施初期需要一定的物质激励作为保障基础。目前大多数实施积分制的试点村、镇基本都是根据村集体收入情况,设置积分兑换的规则。因此,在村级指标体系设置过程中,不仅要考虑村庄特色的指标选取,还需要根据村庄实际情况进行积分兑换规则的设计,其中也包括县乡指标库中的积分指标在村级层面落地时的积分兑换。例如,如果县、乡统一规定1个积分相当于1元钱的话,那么同一个指标,如家中子女上大学这个奖励指标,对于村集体收入高的村,可能就将其确定为1000分,而对于村集体收入较为薄弱的村,则可能将其确定为100分。这种量入为出的做法是值得肯定

的。乡村治理是一项具有长期性的系统工程，要脚踏实地、久久为功，不提倡在积分制实施初期，为了增加吸引力而制定过高的积分兑换比例，"吊足"村民的胃口，不利于积分制作用的持久发挥。

> **青岛西海岸新区量入为出设置积分值**
>
> 铁山街道别家村休闲农业蓬勃发展，加上土地流转等收入，每年村级集体经济收入较高。在指标体系设置中，将子女上大学纳入其中，且分值设置较高，当年高考考取本科院校的获3000分，考上研究生获4000分，考上博士生获5000分（以收到录取通知书的月份计算），让村民共享发展成果。而宝山镇大陡崖村因多为山岭薄地，自然资源匮乏，村集体收入较为薄弱，但为鼓励家庭重视教育，高考考取本科院校的可获得30分，量入为出，激发村民参与积分制的积极性，同样起到了很好的效果。

三、构建村级指标体系的流程

（一）征集民意，确定指标

召开党员及村民代表会议，根据村规民约及指标体系模板进行充分讨论，广泛征求村民群众关于积分制评价指标体系实施的意见与建议，确保积分制符合村民群众意愿。

第二章　乡村善治积分制指标体系的构建　055

征集民意，
确定指标

盘算家底，
确定赋值

走访反馈，
动态调整

(二)盘算家底,确定赋值

根据村庄年度积分预算计划对评价指标体系进行赋值,细化分类、量化赋值,让村民言行有"镜子"可照、有"尺子"可量,通过有效激励和约束,"积微见著",全面激发农村群众参与乡村治理的内生动力。

(三)走访反馈,动态调整

充分了解民情民意,记录群众反馈情况,并及时反馈给积分制管理工作领导小组,适时调整指标内容和评价标准,建立动态管理、操作性强的评价指标体系,推动其不断完善。

第三节 关于积分指标体系构建的几点建议

一、积分指标要广泛征求意见

从已有的实践案例来看,很多地方的指标体系构建都是以村为单位,虽然有大类指导,但在实际运用过程中,每个村的指标构成存在一定的差异,不便于比较和整合。"1+5"指标体系相对固定,可以为后续乡村治理指数的构建打下良好的基础。目前的指标体系构建主要是从考核方案和树典型的角度出发,但在实际运行过程中,每个镇街或县考核侧重点可能有所不同。同时,随着乡村发展情况变化,这些指标及其权重也会发生变动。因此,建议建立常态化沟通协调机制,每年定期召开针对积分指标体系调整的讨论会,广泛征求意见,以便于指标体系的动态优化、调整。

二、积分体系以正向激励为主

《关于在乡村治理中推广运用积分制有关工作的通知》指出,积分制推广中要坚持精神鼓励为主、物质奖励为辅,正向激励为主、奖罚结合的原则。在本次"1+5+N"积分体系指标的设置中,除自治守法和党员廉洁自律方面的底线指标外,其余均选用了正向指标。从心理学角度来说,扣1分给人们带来的痛苦要大于加1分所带来的幸福感。因此,加分带来的正向激励有助于增强人们的参与积极性,而如果设置过多的负向扣分项,则容易引起村民的不满,甚至激发村民与评分小组之间的矛盾。此外,有些村的

指标体系中对同一个事项,例如,环境卫生方面,既有加分项,也有扣分项,有些烦冗。因此,在此次指标设置中,同类内容,只设正分项,不设负分项。当然,村庄可以根据自身的情况,在"N"里进行进一步的细化和约束。

三、增加村民自主申报指标占比

在目前的指标体系中,有些指标由村民个人申报,村级审核即可,例如,家庭有在读学生在校获奖、村民发展产业带动就业等方面的指标,可由村民申报,村里审核。村民个人申报,一方面可以增强村民对积分制的自主认同感,另一方面也减轻了村级审核评比的负担。当然,目前指标中的建议是否都符合个人申报条件,

村民是否有动力提供佐证材料进行申报，需要通过村民代表大会等形式广泛征求意见，以村或镇为单位进行统一。

四、增加积分反馈的即时性

从本质上讲，积分制是通过人们获得积分的满足感来激励大家采取好的行为，是一种心理上的正向激励。而从心理学角度来说，正向反馈的即时性更容易让人们拥有控制感和确定性，使其更容易坚持和进步。有研究表明，相比于延时反馈，即时反馈对人们积极行为的影响效果更显著。因此，在积分制实施的过程中，可以通过后台数据，即时更新积分，尤其是村民自主申报的积分，可以提高积分反馈的即时性，村民也可以通过转发朋友圈获赞等

方式获得正向反馈。如果要按月、按季度汇总积分、公示，会使正向激励的效果变弱。当然，在积分兑换环节，依然可以按月度、季度、年度分别给予不同的奖励，举办相应的线下活动，强化正面反馈。

实操小贴士

1. 指标选取越多越好吗?

不是。许多地区在选取考核指标时试图"面面俱到",期望涉及乡村治理的方方面面,这在实际工作中,往往很难实现。实践证明,制定科学精准的关键性、引领性指标,反而效果会更好。因此,建议在基础指标库中,每个维度选择最重要的5~8个指标即可,指标间避免重复,本着"相近""整合"的原则,对指标进行整合,可以避免在现实中因评分项过于烦琐带来的评分及统计的不便。

2. 为什么指标要以正向激励为主?

积分制指标应以正向激励为主、负面约束为辅。正向激励打破"做好做坏一个样,做多做少一个样"的大锅饭形式；负面约束提醒村民守底线、不逾矩。积分制的实质在于通过技术手段，鼓励村民道德自觉，主动参与乡村治理。因此，如果积分制中设置太多的负向激励指标，在一定程度上会给村民带来心理的损失，进而影响其参与积分制的积极性。

3. 指标是固定不变的吗？

不是。从空间上看，应充分考虑区域基础建设、经济结构和地域特色，"因地制宜"地设置考核指标；从时间上看，应构建动态管理指标库，结合项目推进过程中的问题，灵活完善指标体系建设。

4. 分值设定需要各村之间统一吗？

不需要统一。分值对应相应的物质奖励，而物质奖励的多寡取决于各村的集体经济情况。因此，在分值设定时，要立足村庄实际，统筹兼顾，用积分制调动村民积极性。

5. 指标选取必须开村民代表大会吗？

是的。指标选取要通过村民代表会议讨论民主协商决定，保证群众当家作主，推动村务公开透明。一方面，有利于集思广益，提高指标选取的民主性；另一方面，为后续积分制的实施做舆论动员。

第三章

乡村善治积分制的
落地实施

乡村治理现代化的实现离不开治理过程的标准化、程序化和规范化。制定科学、合理的指标体系是乡村治理积分制标准化运行的重要前提，而梳理总结一套规范、有序的推广流程是乡村治理积分制有效落地的必要保障。当前，很多地方对乡村治理积分制的实践和推行仍然处于"树典型、立试点"的阶段，尚未形成较为系统的推广落地流程。而随着乡村全面振兴的推进，乡村治理积分制也亟须从点上探索转向全面推开、全面提升。因此，要更好地发挥积分制在乡村治理中的作用，亟需一套实用且可复制、可借鉴的实操经验供基层干部学习交流。在此方面，青岛西海岸新区率先创新出"政府主导＋企业专业化运营"的"德育乡村"模式，该模式在乡村治理积分制落地过程中，充分发挥第三方运营的专业化、组织化优势，总结梳理出一套行之有效的规范化、程序化的"十个一"工作法。本章将依托"德育乡村"的做法，对乡村治理积分制如何有效落地进行详细阐释。

第一节　乡村治理积分制落地的配套措施

村庄是乡村治理积分制落地的承载地点。积分制要充分发挥作用，就必须要与乡村发展的实际相契合。因此，在实施积分制之前应先组织开展实地调研，一方面，了解村庄的基本情况，包括产业发展状况、村规民约内容以及乡贤等社会资源情况，另一方面，通过访谈了解村干部及村民代表对本村乡村治理的主要看法和对村庄下一步发展的想法等。充分了解这两方面的情况，有助于采取适宜的管理方式和机制手段推广积分制落地，做到真正的因地制宜、因村施策。

一、组织准备

组织有力量，基层治理就有保障。在积分制落地之前，必须搭建好镇、村的相应组织架构，以确保项目高效运行。在组织架

构创建中,必须突出党的全面领导,强化基层党组织的建设,以便充分发挥积分制创新管理手段在乡村善治中的作用。

首先,统一思想、高位推动。区级层面,成立乡村治理积分制协调推进工作办公室,由农业农村局、乡村振兴局负责,协调推进积分制实施,研究解决实施过程中的重点难点问题,确保有序开展。镇街层面,成立以镇(街道)党(工)委书记任组长的领导小组和工作指导小组,负责制定全镇(街道)积分制推进方案,及指导各村乡村治理模式实施。

其次,多级联动、协同发力。区县、镇街、村三级部门联动、统筹资源、齐抓共管、整体发力,定期召开线上线下工作研讨会,建立微信工作群加强联络沟通。区县农工委、农业农村局、镇街内设机关及各站所相关部门积极融入,对积分制管理模式、指标构建、组织保障、舆论宣传、物质准备、兑换流程等关键节点进行全面预测和综合研判,发挥"小积分撬动大动力"的杠杆作用,进一步夯实村级党建基础。

最后,统筹推进、精准施策。建立村级组织体系,保障项目规范运行。例如,根据党支部领办"德育乡村"的开展需求,成立了"一组两会"的组织体系。"一组"即乡村治理领导小组,由村"两委"班子成员、股东代表等组成,全面统筹"德育乡村"建设,组织实施,优化流程。"两会"即运行评价委员会和乡贤理事会。运行评价委员会,主要由村"两委"班子、联户党员、村民代表、网格员等组成,负责项目实施流程监督以及分数的评价认定、积分审核,确保项目运行规范有序。乡贤理事会主要是由政界、商界、科技教育界等社会各界的爱心人士组成,负责建立工作机制、搭建资源链接平台。村级管理员负责管理维护"德育乡村"数字化管理平台。

在积分制工作推进过程中,各镇街、村庄应结合实际,因地制宜地组建工作小组。以青岛西海岸新区六汪镇为例,该镇党委成立"德育乡村"推广实施工作领导小组,加强对党支部领办"德育乡村"实施工作,并由镇党委书记、镇长担任双组长,负责全面统筹工作;由镇政法委员担任常务副组长,负责督导项目推进,乡村治理相关部门负责人担任副组长,领导小组下设办公室负责项目全程跟进,汇编项目材料,包括制度性文件、过程性资料、实践性成果等。各成员部门各司其职,协同落实"德育乡村"的各项工作,具体见图3-1。

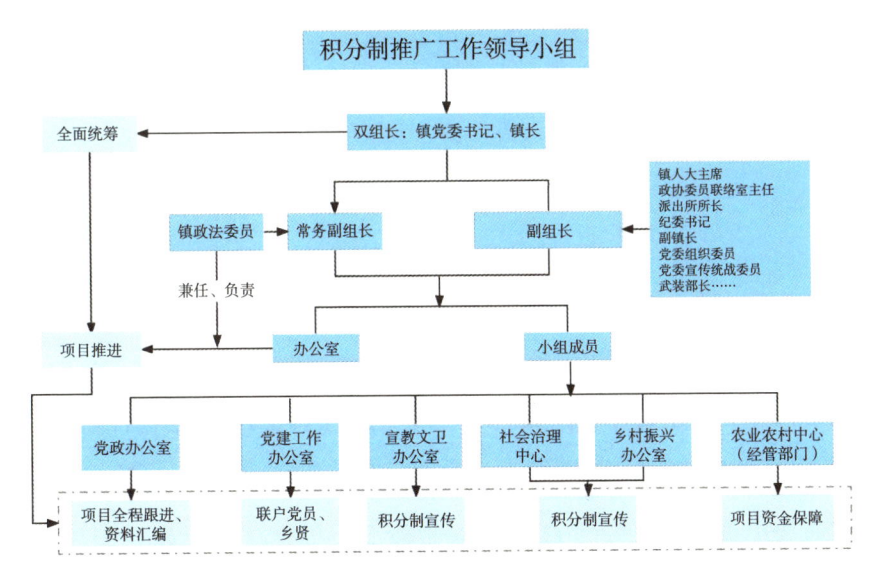

图3-1 六汪镇"德育乡村"推广实施工作领导小组

在村级层面，还需要成立"德育乡村"村庄乡村治理小组，由村支部书记担任组长，统筹推动村"德育乡村"落地；另设副组长一名，负责项目的组织、协调、部署工作；村合作社监事长负责督导项目实施；组织委员负责组织宣传工作，沟通镇街宣教文卫办，商定积分兑换启动仪式等事项。如图3-2所示。

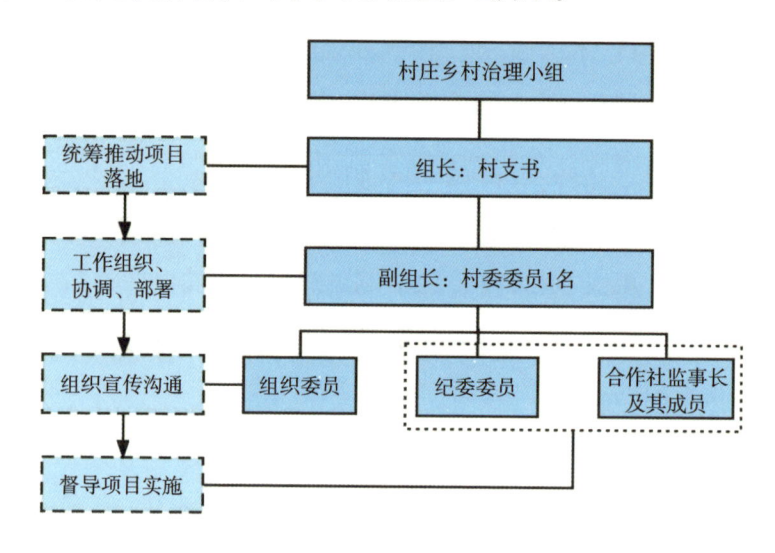

图3-2 "德育乡村"村庄乡村治理小组

二、舆论准备

在积分制推广初期需要强化宣传引导，营造浓厚氛围。除了传统的报道宣传，还要依托村民自治组织召开动员大会。村书记、第一书记、镇包村干部、村党支部成员、联户党员、网格村民代表等均需参加会议。在动员大会上要重点介绍积分制是什么，为什么要实行积分制，对于村里发展有何好处等。对于积分制如何实施、规则是什么、都有谁能参加等重要问题需要充分征询群众意见，充分凝聚民智。以"德育乡村"项目为例，在动员大会上阐明事项，主要有提出"1+5+N"德育评价体系，对"德育乡村"初步评价指标达成一致，确认考核户数、年度积分预算，公布"一组两会"人员名单及分工职责，明确党员联户分工，布置联户党员走访工作，确定服务站的选址及装修事项等。

  在村级动员大会召开之后，再由工作小组及联户党员分头进行入户宣传走访，确保"不漏一户，不差一人"，确保每个农户都能知晓积分制细则及制度内容，在全村范围内达成共识，形成为村庄发展积极贡献力量的良好氛围。联户党员对所联户群众进行走访时，除了进行口头宣讲，还要同时发放积分制明白纸，征求村民意见，并签字回收，确保积分制相关规定符合农民群众意愿。同时，为了确保流程的规范化，需要由村级管理员指导跟进村庄

进行入户走访工作,做好材料收集和存档。

> **铁山街道黄泥巷村入户走访征民意**
>
> 以青岛西海岸新区铁山街道黄泥巷村为例,工作小组在入户走访时,宣讲"德育乡村"的做法,广泛征求群众的意见。关于要不要实施"德育乡村",村民杨大庆(化名)认为,把村规民约纳入指标体系是件好事,有利于村委管理。村民杨小中(化名)也表示,他平时在路上看到垃圾会主动捡起来,有了积分制,让"有德者更有得",他更有积极性维护村里环境整洁,希望项目能长久开展下去。在"德育乡村"指标体系构建方面,有村民提出建议,在院落外圈地养家禽,不仅气味熏人,还影响村容村貌,因此圈地养家禽应该列入指标体系。还有村民认为,在樱桃采摘季节,不同采摘园会出现争抢游客等不文明现象,给游客留下了不好的印象,文明经营也应该纳入指标体系。村民充分参与到"德育乡村"的前期筹备中,确保指标体系设置符合农民群众意愿,为"德育乡村"的推广运用打好基础。

三、场地准备

积分制的落地实施,需要有固定的线下场所,用于积分兑换、积分公示和表彰活动开展。在实践过程中,可以将这些功能融入村级综合服务站的建设中。通过建立政府、村集体和社会力量共同投入的筹资机制,完善村级综合服务设施功能配置,搭建村级综合服务站。村级综合服务站一般要求面积大于30平方米,可以依托村委原有的场地进行改建,也可以另行选择人员密集或靠近村主路的地方新建。推进服务站标准化配置、市场化运行,服务站主要用于积分的物品兑换,也可以设置电商快递服务区、金融服务区等惠农便民区域板块,建好"一站多能"的村级为民服务阵地,健全完善村级综合服务事项,确保综合服务供给下沉到村,加强多样化生活服务供给,着力打造宜居宜业的美丽乡村。

四、兑换准备

积分制的激励作用主要包括物质奖励、精神奖励和政策支持三类,以此鼓励村民全方位全过程参与乡村治理。所谓的兑换准备,主要包括两个层面。

一是兑换的物质准备,即村庄在村级综合服务站要根据村民的日常所需,配备常用的生活用品,并将生活用品标上相应积分,村民可凭积分兑换相应生活物资。

二是兑换的制度准备,即要明确兑换规则及兑换内容。例如,可用多少积分兑换商品?如何参考积分排名奖励表现突出的家庭或个人?在"道德模范""文明家庭""最美家庭""好公婆好儿媳"等评优评先活动中如何参考积分排名?此外,在政策支持方面,如何通过村级的积分制落实情况来考核村级发展业绩?平均积分在全镇街排名靠前的村庄是否可以优先享受各级、各部门扶持资金?在全村积分排名靠前的村民是否可以优先享受信用贷款等扶持政策?是否可以优先作为村级后备干部、入党积极分子等推荐人选……这一系列的规则和制度都需要提前设计好,作为积分制推行的重要组成部分予以考虑,使农民群众成为乡村治理的主要参与者、最大受益者,使村民的幸福指数不断提高,村民的自治热情被不断激发,更好地发挥积分制的激励作用。

"德育乡村"让村民共享"积分红利"

近年来,随着"德育乡村"在青岛西海岸新区的推广运用,在实施"德育乡村"的村庄,村民不断享受"积分红利"。2022年9月,胶南街道小邓陶网格举办"德育乡村"积分兑换启动仪式,在积分兑换现场,村民们凭借所得积分兑换米、面、盐等生活物品,脸上洋溢着幸福的笑容。他们纷纷表示,自己扫院子、做好事儿都可以获得积分,不只能实打实地兑换东西,兑换东西多了,在邻里之间还特别有面子,以后自己更有劲儿去参与村里的活动了。此外,村庄还可结合本村特色和村民需求,提供社会化服务。如张家楼街道石河头网格发行旅游券,让村民以最优惠的价格享受青岛景区美景和优质服务;宝山镇大陡崖网格发放理发券,满足村民的理发需求。

除了物质奖励,宝山镇还通过奖优评先激励村民的参与积极性。2022年初,宝山镇大陡崖网格举办2021年度"德育之星"颁奖仪式,经村党支部提名、群众投票,评选出十个家庭,授予其"德育之星"称号。"德育之星"获得者刘大姐也表达了自己的喜悦之情:"感谢党和政府的好政策,让我今年获得了大丰收!下一年,我一定更加努力,争取获得更多积分,得到更多奖励。"

"德育乡村"自实施以来,宝山镇胡家村、罗戈庄村,

> 铁山街道别家村等村庄乡村治理效果显著，获得区级衔接推进乡村振兴奖补资金2万元、10万元、20万元不等。同时，积分在全村排名靠前的村民优先获得政策支持，通过物质奖励、精神奖励和政策支持让村民共享乡村振兴发展成果。

第二节　乡村善治积分的考核过程

一、确定积分考评人员组成

积分制实施成功与否的关键在于执行过程中积分考核能否公平、公正、公开。因此，正式成立积分考核小组，选优配强考评成员就显得尤为重要。具体而言，在组织方面，需在镇级成立乡村治理积分制工作领导小组，负责统筹协调、政策制定、督导检查。在村级成立由村"两委"班子、联户党员、村民代表、网格员等组成的运行评价委员会，负责积分考评，积分评价委员会成员并不是固定的，可结合村庄实际确定考评人员。进入评价委员会的成员应由组织推荐、村民自荐产生，经村党支部审核，提交村民代表大会讨论决定，形成一个公平公正的积分评价体系，从而保证积分考评结果真实可信，有效增强广大村民对积分制的参与度和支持度。

除了成立专门的考评小组，还可以视村庄的具体情况设置村民自评环节。村民自评可以放在季度或年度评比环节中，在总体评分中占有一定的比例（一般在30%左右）。自评和他评综合考量，既可以增强评分评奖的公平性，又可以促进村民自我价值的发现和自我反省。实践表明，让村民对自己的家庭或个人进行自评，可以更好地调动村民参与村级事务的积极性，激发其内生动力。

建立公平公正的积分评议机制

大场镇大楼子村成立"德育乡村"评价委员会，负责积分的评价认定和审核，由村支部书记担任主任，由计生主任担任副主任，合作社监事长、组织委员、纪委委员、合作社监事会成员、镇人大代表、网格员等担任成员；由于环卫人员熟悉村庄卫生环境，张家楼街道逄家桃园村创新性地将环卫人员纳入"德育乡村"评价委员会，由村支部书记担任主任，村委委员担任副主任，组织委员、村会计、环卫人员等担任成员；铁山街道大下庄村则采用评价委员会轮值的方式，村支部书记、村会计、计生主任、村委委员、股东代表等轮值，而监事会主任每月评选均参与，保证积分考评结果公平公正。

二、确定参与积分考评的村民范围

可以根据村庄的具体管理需要确定哪些村民参与积分考评。一般来说，积分考评对象可分为五类：一是本村户籍人口；二是本村户籍人口中的常住人口；三是所有股份合作社成员；四是所有股份合作社成员与外地常住人口（常年在村庄居住的外地村民）；五是本村常住人口（常年在村庄居住的本村村民和外地人口）。具体参与积分考评的村民范围，需要由村庄召开村民股东代表大会讨论确定，并以户为单位统计形成本村庄纳入积分制考核户数。确因身体原因无法参加积分管理的村民，本人自愿并提出申请，经村民股东代表大会同意后，可不参加积分制管理。

基于村庄管理视角确定考评对象

在实际推进工作中，六汪镇朱家沟村村集体收入较好，且总户籍人口较少，村里基本无外来常住人口，村集体可支配收入相对可观，将第一类本村户籍人口纳入考评范围；宝山镇小窝洛村"空心化"现象比较严重，村民在外地不便参与积分考评，将第二类本村户籍人口中的常住人口纳入考评范围。在积分制实施中，要结合村庄实际情况，基于村庄管理需要确定积分考评对象。

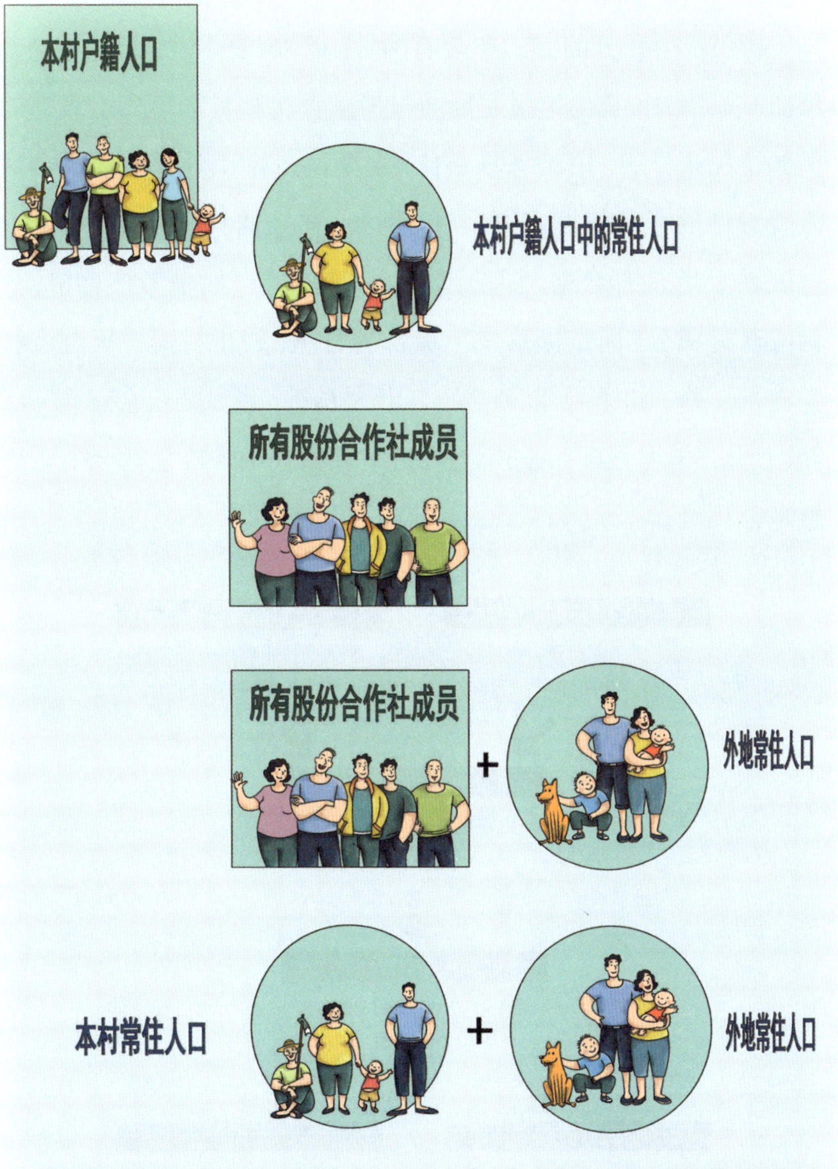

本村户籍人口

本村户籍人口中的常住人口

所有股份合作社成员

所有股份合作社成员 + 外地常住人口

本村常住人口 + 外地常住人口

三、确定村民获得积分的方式

村民获得积分的方式主要有两种：集体申报和个人自主申报，见图3-3。其中，集体申报主要通过考核评比和贯彻落实上级部署任务情况来评分。所谓考核评比，主要是由村积分评价委员会对需要考评的积分指标定期考评。例如，在人居环境卫生方面，三包区域卫生是否合格、屋前屋后是否整洁等。如果考核合格，会相应获得积分。而贯彻落实上级部署任务，是指村民积极配合村党支部工作，如学习贯彻党的二十大精神、参加"三会一课"活动、使用"学习强国"App学习习近平新时代中国特色社会主义思想等。

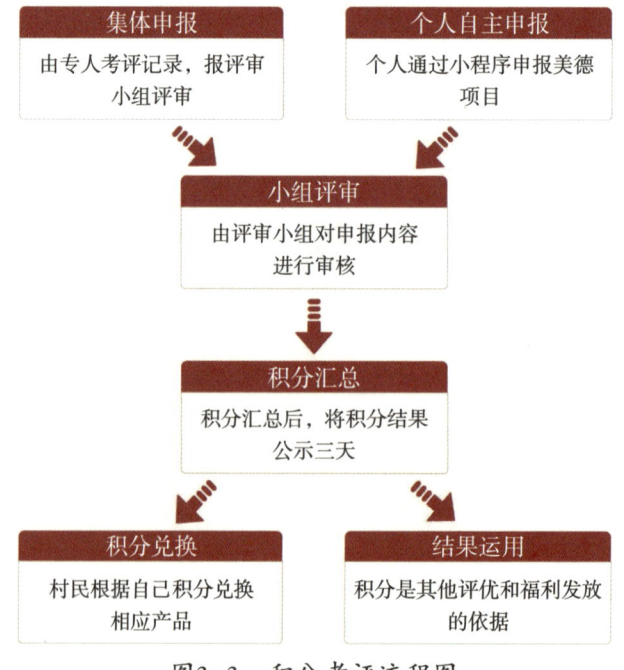

```
┌─────────────────┐         ┌─────────────────┐
│   集体申报      │         │  个人自主申报    │
│ 由专人考评记录， │         │ 个人通过小程序   │
│ 报评审小组评审   │         │ 申报美德项目     │
└────────┬────────┘         └────────┬────────┘
         │                           │
         ▼                           ▼
       ┌─────────────────────────────┐
       │         小组评审            │
       │  由评审小组对申报内容进行审核 │
       └──────────────┬──────────────┘
                      ▼
       ┌─────────────────────────────┐
       │         积分汇总            │
       │ 积分汇总后，将积分结果公示三天│
       └──────┬───────────────┬──────┘
              ▼               ▼
    ┌─────────────────┐  ┌─────────────────┐
    │    积分兑换     │  │    结果运用     │
    │ 村民根据自己积分 │  │ 积分是其他评优和 │
    │ 兑换相应产品    │  │ 福利发放的依据  │
    └─────────────────┘  └─────────────────┘
```

图3-3 积分考评流程图

第三章　乡村善治积分制的落地实施

　　个人自主申报，主要是针对积分指标中一些依靠村民自主完成，不需要考核评比的项目，例如：邻里之间相互帮助、主动吸纳村民就业、家庭成员有考上大学或应征入伍等。这些指标没有硬性考核要求，但需鼓励村民或网格员主动发现或自主申报，经审核和公示，可获得相应积分。

　　此外，青岛西海岸新区还通过数字化手段，开发了大数据智评功能，可通过"个人自评＋网格互评＋村社联评＋大数据智评"的程序进行综合评议。针对一些特殊情况，村里还可以根据实际情况，进行一事一议，但在积分评比或审核中要秉持公开、公正、公平的原则，不论是集体考评还是自行申报，都要由乡村治理小组进行审核把关，同时还要将积分进行公示、公开。

大陡崖村村民积分获取攻略

大陡崖村村民在充分了解积分兑换规则之后,通过自己的努力,"各显神通",赚取积分,并经常相互交流彼此获取积分的"心得"。村民刘大姐主要通过搞好门前三包获得积分,她说:"将门口的花(整理)得非常好,家庭院子(收拾)得好,两个月通过考核评比得了68分!"刘大姐利用自己的积分兑换了面条、洗洁精、卫生纸等生活用品,引来了邻居们羡慕的目光。村民胡大姐也主动分享了自己获得积分的经验,镇上组织了水果种植技术和电商直播方法的农民技能培训,她不仅第一时间报名参加,还号召身边村民一起加入,按照德育指标体系,胡大姐积极响应村庄号召,参与政府组织的培训活动,获得20个德育积分。村里的王大哥见义勇为,救助了一名落水妇女。村支部书记听说此事后,安排王大哥的联户党员入户走访了解情况。联户党员认为其行为符合村庄德育指标体系里公益奉献美中的指标,便帮助王大哥完成自主申报,给予200德育积分奖励。

第三节　积分兑换的操作流程

一、积分汇总与公示

在正式进行积分兑换之前,需要对积分进行汇总、核验和公示,以确保积分的统计无误。运行评价委员会根据集体申报和个人自主申报情况,记录、汇总并审核积分数据。积分数据统计无误后,通过村民股东代表大会、村务公开栏、微信群、数字"三务"公开显示屏等途径公示积分情况,接受广大村民的监督,公示期一般为3天。村民对积分有异议的,可向运行评价委员会反映,经调查核实后,由运行评价委员会讨论研究作出处置意见。

> **海青镇定期进行"德育乡村"积分公示**
>
> 2022年4月19日下午,海青镇梯子沟村在村务公开栏进行每月的积分公示,村民们聚集在公开栏前面热烈地讨论着,有村民提出疑问,这次邓大海(化名)家的积分怎么那么高?村管理员徐华笑眯眯地说,"这你们就不知道了吧,人家可是拾金不昧的道德模范,所以加了10分"。原来上个月邓大海在村中心街北边捡到一部智能手机,在原地等了好一会儿未见到失主,便把手机交到了村委。后经机

> 主拨打电话寻找、对证,物归原主,梯子沟村党支部对村民邓大海进行口头表扬,并将他这次做的好事记录在系统里,给予加分。徐华接着介绍,不光在咱们村做好事有积分,在外地求学或工作的村民在当地参加公益活动也能获得积分,只要大家如实申报,通过审核,都可以获得一定的积分。村民们听后纷纷表示,以后也要多做好事,积极参与。大家笑称:"人人都争当'活雷锋',那以后咱们梯子沟村很快就成为远近闻名的道德模范村了!"

二、举办积分兑换活动

积分公示无异议后,可组织村民进行积分兑换。在实际操作中,建议首次兑换时,可组织策划一次较为正式的兑换启动仪式。一方面,较为正式和隆重的启动仪式,可以增强村民参与的"仪式感",提升村民积分兑换的"获得感"和"满足感"。如前面提到的"霍桑效应",当人们认为自己被关注时,会有更大的积极性和主动性参与工作;另一方面,隆重地举办积分兑换活动既可以提升新村、网格的文化活动组织和策划能力,又可以通过多样化的活动形式增加村民凝聚力。当然,活动策划不是仅仅由村委自己负责,还可以充分调动网格员、联户党员、乡贤以及热心村民参加。从青岛西海岸新区的实践经验来看,积分兑换活动还可以与新时代文明实践活动相结合,邀请本村及周边村的秧

歌队或其他自发形成的文体活动队进行表演，这些活动可形成正向的宣传效果，实现积分兑换、文化演出与新闻宣传"一举多得"的目标。

村庄筹备首次积分兑换启动仪式，包括前期筹备、活动现场管理、积分兑换等工作。

（1）前期筹备。制定兑换活动方案，明确人员分工；宣布兑换仪式举办信息；准备物料，包括锣鼓队、横幅、桌椅、影音设备等；与镇街相关部门进行沟通，宣传本村积分兑换启动仪式，做好本村积分兑换启动仪式宣传的前期准备。

（2）活动现场管理。要有专人维护现场秩序，接受现场咨询、解答村民问题，记录活动过程等。

（3）积分兑换。提前准备好村民积分明细，张贴表彰名单或在数字显示屏上滚动播放积分排行榜；组织村民排队兑换，保证现场有序；村民查询积分，选择兑换品，扫码进行兑换。

除了第一次兑换活动举办较为正式的仪式，还可以根据各村的实际情况，每季度末、每年底进行总结表彰活动。各村可根据当年村民累计积分设置一定名额的年终奖励，激发村民参与积分评比的积极性。

同时，建议每个村在活动之前和之后都要做好资料、素材的

积累。要由村级管理员收集并存档活动现场的相关过程性资料，包括活动现场节目图片、领导致辞图片、宣传介绍图片、积分兑换图片、镇街宣传文稿等。这些资料、素材，不仅可以作为日常村委工作留痕，更可以成为村庄发展的美好回忆。

三、积分兑换的记录与盘点

在积分兑换期间，要由专人记录村民积分兑换物品情况及积分使用情况。在积分兑换活动结束后，还需要注重兑换货品的盘点与管理。

除了积分的实物兑换，青岛西海岸新区还积极探索拓展积分的应用兑换，计划未来在部分村镇开展试点"信用积分+"的新模式。具体来说，就是将日常行为品德的积分与个人信用打通，将积分录入农户家庭积分账户的同时，为农村居民建立个人信用记录。同时引入遵纪守法、履约守信情况等方面的信用数据，整合多个领域的数据资源，通过多维评价，生成个人信用画像和信用积分。目前西海岸新区已与部分银行达成合作，这些银行可以根据信用积分开设信用账户，为符合条件的村民提供免担保、无抵押、低利率的专项信用贷款。此外，青岛西海岸新区还推出"一人受表彰，一户得荣誉"的社会礼遇机制，将月度、季度评优，社会公示及社会礼遇进行联动，积分排名高的模范家庭可以获得诸如免费公交、电影票打折等优惠服务。

第四节　积分制推广经验的提炼积累

从已有的实践情况来看,村庄在实施积分制之后,村民精神面貌、村庄环境卫生、干群关系等方面均发生了显著变化。这些变化大都是在一人一事、一点一滴的潜移默化中产生的。对于村庄发展来说,更好地记录村庄的这些变化,以便做好村庄宣传,使村庄发展与村民行为改善互促互进、良性循环,显得尤为重要。

一、资料收集与整理

在积分制推进过程中,运用拍照、写备忘录等形式,通过留存照片、视频、会议记录等方式进行记录。同时,由村管理员等专人

对资料进行审查、检验、分类、汇总等,使之系统化和条理化,并以集中、简明的方式体现整个项目过程和所获得的成效。具体内容包括村庄介绍、项目运行情况、积分制故事等,各参与方还可以共同制作网格专属积分制大事记,从而呈现出一套完整的资料,以便后续查阅和复盘。

二、经验分享与宣传

积分制项目成功运营一段时间后,取得一定的经验与成果,形成"看有亮点、学有经验、展有形象"的乡村治理创新模式,可在一些示范村开展经验交流活动,请一些做得比较好的村进行经

验交流和分享，组织一场观摩活动。观摩会由第一书记、镇包村干部、村党支部成员和网格员共同参与，策划观摩路线，设计讲解重点，组织观摩会议，进一步推动积分制标准化规范化运行。一方面，通过经验分享，对内可以凝心聚力，锻炼村庄治理队伍；另一方面，对外强化宣传，相互交流经验，吸引省内外政府部门、企业、媒体、社会组织等各界人士实地观摩学习，形成村庄对外联结的样板性活动。当然，在宣传活动中，还需邀请一些表现突出的村民参与其中，增强其示范带动作用。

实操小贴士

1. 有村书记反映时间和精力都不够，如何能做好"德育乡村"？

万事开头难，前期是要占用一些时间和精力的，等做好项目基础性工作，"德育乡村"常态化运行后，村庄管理的许多工作都可以纳入项目中来，村庄管理有了抓手，村民自治程度提高了，各项工作开展就会事半功倍。为了便于项目落地实施，建议村里选拔一位有思想、责任心强、做事仔细、学习能力强的专职管理员，全面负责项目各项工作统筹开展。

2. 推行"德育乡村"的费用有哪些？

需要村里承担的主要是服务站建设的一些费用（房屋修缮、通网通电、货架、收银一体机等），需要1.2万~1.5万元；还有积分兑换品的费用，建议每户每年200分以上效果较好，200户左右的村庄，需要4万~5万元/年。但实施推进"德育乡村"可给村里省下一笔费用，对有些村而言，人居环境整治省下来的费用用作积分兑换也绰绰有余，如村集体经济略有困难，可按照村集体经济为主、镇级补充、区级奖补、其他社会组织帮扶的形式实施（具体情况因地域不同而有差异），根据镇街的不同情况，还要支付项目的运营服务费用，具体以实际情况为准。

3. "德育乡村"能不能与村里的小卖部或者超市结合起来？

直接结合不可取。小卖部或超市是营利性质的，其产品质量、价格、来源渠道不确定不可控。统一进行兑换品配送可规避较多风险，集采可争取更多的价格优惠。运行前期不要加入食品类兑换品，且要明确核心是借助构建的特色德育评价体系来让老百姓"做好事"，并加大宣传。可以乡镇为单位统筹管理，统一运营规范，设定招募标准，根据标准筛选、招引合作商家，进行统一管理合作。

4. 如何确保积分评比公平？

一是完善监督机制。推行公平公正、公开透明的积分管理监督机制，定期将村民积分情况通过村民股东代表大会、村务公开栏、微信工作群等途径进行公示，接受党员群众监督。二是加强督导检查。镇街党委加强对积分落实情况督导检查，每季度开展一次集中检查，不定期抽查，多措并举确保积分评比公平公正。三是强化村民自治。一些考评项目由村民小组各自选出代表，进行组间交叉检查，充分发挥村民自我监督、相互监督的作用。

5. 积分兑换如何可持续？

从村民角度来看，积分评比和兑换应公平、公正，提高村民对积分制的参与度和支持度,实现共荣共享共富。从村集体角度来看,村"两委"、镇街党委积极争取更多外部资源,让百姓享受政策红利,保障物质奖励资金。此外,积分制应构建动态管理机制,结合村庄实际,灵活完善指标体系,不断提高乡村治理水平,助力乡村全面振兴,从而让积分制迸发出长久的生命力。

6. 如何做到村民自治?为什么原有宣传措施无法有效发动村民?"德育乡村"的做法有何不同?怎么可以成功发动村民?

党支部领办乡村治理"德育乡村"可改变以往单一行政命令下发的形式,利用积分牵引和正向激励在村里形成积极向上的舆论氛围。

以往的宣传等工作均是政府工作人员在做,老百姓在看或者被动接受;而"德育乡村"的做法是将村里的事务交还村里,政府仅需要将重点工作转化为指标下沉到村里。项目运营服务团队对村"两委"进行指导,村"两委"自行对党员及村民进行指标宣传。前3个月先从容易得积分的环境卫生方面着手,在全村范围内形成完成指标要求即可得积分、每月凭积分即可到综合服务站兑换日用品的舆论氛围。慢慢地便可拓展到党员模范带动作用的发挥、新时代精神文明实践活动的参与、普法活动的参与等更多工作任务上。

"德育乡村""十个一"工作法

治理有效是促进乡村全面振兴的重要基础保障。经过近三年的探索和实践,"德育乡村"形成了一套行之有效的"十个一"工作法:开展一次调研、组建一套班子、进行一次动员、做好一系列培训、部署一个平台、举办一场活动、建设一个站点、策划一次开业、呈现一套资料、组织一次观摩,贯穿了乡村治理"德育乡村"从策划设计到落地实施的全过程,实现了乡村治理工作高效率、好效果"双效合一",夯实了乡村发展基础。

·开展一次调研

在正式推行积分制之前,对村庄开展一次调研,了解村庄基本信息、村规民约和乡贤情况,厘清村庄治理、村庄发展的方向,为"德育乡村"实施做好准备工作。

开展一次调研

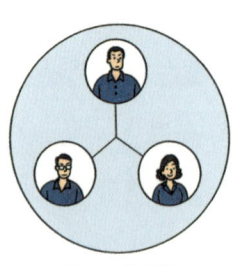

·组建一套班子

由村委组织成立"一组两会",乡村治理领导小组负责项目实施流程监督以及分数的评价认定、积分审核,运行评价委员会和乡贤理事会负责搭建资源链接平台。

组建一套班子

·进行一次动员

村委需召开一次动员大会,公布"一组两会"成员名单,确定考核户数、年度积分预算、"1+5+N"德育指标体系初稿等重要事项。同时,到户动员,发放"明白纸",在全村范围内形成共识。

进行一次动员

·做好一系列培训

由镇、村组织专门人员,参加针对数字化平台使用、综合服务站建设、村级活动组织策划、月度打分和兑换等关键环节的系列培训。

做好一系列培训

·部署一个平台

建立村级数字化平台端口,将村民户籍信息、党员联户信息等村庄基本情况录入数字化系统,通过数字化平台完成积分管理、兑换以及村务公开等相关事务。

部署一个平台

·举办一场活动

实施积分制时,在村一级举办一场"发布会",通过群众会演等形式,扩大积分制的影响力,增加村民

举办一场活动

凝聚力。

·**建设一个站点**

在优化选址的基础上，按标准进行综合服务站建设、装修，实现一站多能、多站合一。

建设一个站点

·**策划一次开业**

在试点村的首次积分兑换时，由镇、村策划组织一次积分兑换仪式，可邀请领导、媒体参加，增加积分兑换仪式感，提升村民参与村庄事务的荣誉感。

策划一次开业

·**呈现一套资料**

积分制项目落实过程中，通过图片、文字、视频等多种形式，留存项目运行情况、德育故事等过程资料，整理制作网格专属"德育乡村"大事记。

呈现一套资料

·**组织一次观摩**

由镇政府组织，在示范村开展经验交流活动，设计观摩路线和讲解重点，组织观摩会议，组织村支书之间的相互交流，形成村庄对外联结的标准化流程。

组织一次观摩

第四章

数字化积分赋能乡村善治

第一节　乡村治理数字化的现实意义

一、乡村治理数字化符合数字经济时代发展趋势

近年来，随着新一代信息技术的快速发展，新基建的加快推进，数字乡村建设蓬勃发展。"十三五"期间，我国已建成全球最大规模的固定通信网络和移动通信网络。截至2022年底，行政村通光纤和4G网络比例均超过99%，农村网民规模达3.08亿，农村地区互联网普及率为61.9%，越来越多的乡村变身"掌上村庄"。数字化、网络化、智能化技术在乡村的广泛运用，不仅深刻影响着农民群众的生产生活方式，也为乡村治理现代化提供了新的路径。习近平总书记强调："要用好现代信息技术，创新乡村治理方式，提高乡村善治水平。"①《中华人民共和国国民经济和社会发展第十四个五年规划和2035年远景目标纲要》《数字乡村发展战略纲要》《"十四五"国家信息化规划》均部署要求，加快推进数字乡村建设，充分发挥信息化对乡村振兴的驱动引领作用，整体带动和提升农业农村现代化发展。2022年印发的《数字乡村发展行动

---

① 《以数字技术助力乡村全面振兴　加快推进数字乡村建设》，求是网，http://www.qstheory.cn/qshyjx/2022-08/10/c_1128903161.htm，2022-08-10。

计划（2022—2025年）》将"数字治理能力提升行动"作为数字乡村发展的重点任务之一，提出要"完善农村智慧党建体系"，"推动'互联网+政务服务'向乡村延伸，推进农村地区数字社区服务圈建设，做好乡村服务'最后一百米'"；要"提升村级事务管理智慧化水平，建立统一的'智慧村庄'综合管理服务平台，进一步丰富村民自治手段，推进村民在线议事、在线监督"；要"推动社会综合治理精细化，逐步完善'互联网+网格治理'服务管理模式，打造基层治理'一张网'，推广'一张图'式乡村数字化治理模式"。数字乡村是乡村振兴的战略方向，也是建设数字中国的重要内容。在数字乡村建设加速推进的当下，着力发挥信息化在推进乡村治理体系和治理能力现代化中的基础支撑作用，对于繁荣发展乡村网络文化,构建乡村数字治理新体系具有重要的现实意义。

二、乡村治理数字化能够提高乡村治理效能

习近平总书记曾指出:"目前,我国农村社会处于深刻变化和调整时期,出现了很多新情况新问题,虽然错综复杂,但归结起来就是一个'散'字。"[①]"散、杂、繁"一直是乡村治理的难点所在。运用信息化和数字化手段,为提升乡村治理能力赋能,有助于提高乡村治理的效能。当前很多地区都在尝试运用数字化手段助力乡村治理。例如,在党建方面,通过推动党建平台"上云"、党务

---

① 《以数字化提高乡村善治水平》,求是网,http://www.qstheory.cn/qshyjx/2022-08/05/c_1128903161.htm,2022-08-05。

村务"上网"、党员活动"上线"等手段,加强基层党组织的建设,巩固基层党组织的堡垒作用,让党员的先进模范作用看得见、有实效。在村务管理方面,数字化助力村级事务管理流程再造,使村务管理更切合实际、更富有实效。有些地区还通过将积分制和清单制相结合,运用数字化手段,整合各类信息,村务管理监督、评价考核都有迹可循,有效解决了"上面千条线,下面一根针"的乡村治理难题,提升了乡村治理精细化、智能化水平。此外,数字化还有助于推进资源力量向基层延伸和下沉,提高乡村治理决策的科学性。乡村治理是一个上下联动、从以点带面到全面推进的过程,只有充分了解基层信息,才能有助于做出更为科学的治理决策。大数据、人工智能以及云计算等数字技术为汇聚、整合和分析海量的基层信息提供了技术可能,使乡村治理决策从自治、法治和德治的结合逐步迈向新阶段。

三、乡村治理数字化能够有效促进乡村文化振兴

乡村振兴,离不开文化振兴。习近平总书记指出:"要推动乡村文化振兴,加强农村思想道德建设和公共文化建设,以社会主义核心价值观为引领,深入挖掘优秀传统农耕文化蕴含的思想观念、人文精神、道德规范,培育挖掘乡土文化人才,弘扬主旋律和社会正气,培育文明乡风、良好家风、淳朴民风,改善农民精神风貌,提高乡村社会文明程度,焕发乡村文明新气象。"[①]数字技术

---

① 习近平:《论"三农"工作》,中央文献出版社2022年版,第269页。

的发展，为挖掘乡村文化资源、拓展乡村文化的内涵及外延、促进乡村文化产业振兴提供了新手段和新途径。《数字乡村发展行动计划（2022—2025年）》明确提出"乡村网络文化振兴行动"，推进"乡村文化设施和内容数字化改造工程"，"强化乡村网络文明建设，大力宣传弘扬社会主义核心价值观和中华优秀传统文化""推进农村基层文化服务机构信息化，提高乡镇综合文化站、村（社区）综合性文化服务中心等基层公共文化设施数字化服务水平"。青岛西海岸新区等一些地区已经开始实践，通过数字化平台，将乡风文明积分与新时代文明建设、文化活动参与等相融合，将振兴乡村文化融入攒积分、评优秀的具体行为之中，有意思的数字化应用场景，加上可量化、可兑换的积分制度，极大地提高了村民参与各类文明实践活动的积极性。还有地区通过创新使用数字农家书屋、文明随手拍等云端平台工具，不断丰富以人文素养为核心的多元应用场景，有效增强村民参与度和公共意识，为培育文明乡风、良好家风、淳朴民风注入了新动能。

四、乡村治理数字化有助于构建共建共享共治新格局

数字技术在构建共建共享共治的完善现代乡村治理体系中发挥着越来越重要的作用。一方面，数字技术的应用，为村民的民主参与开辟了新的渠道。一些地方通过微信群、"移动议事厅"等平台，把包括在外务工群体在内的村民组织起来，参与村里重大事项讨论，实现在线议事，提高了决策的民主性和科学性。另一方面，互联网平台、微信群等还成为联络在外乡贤的纽带，汇聚起乡村振兴的重要力量。通过网络联结在外的乡贤，凝聚乡贤力量，既能够将跨省市、跨地域的乡贤资源和服务从城市引入乡村，又能够将特色农业、文旅等产品从乡村引入城市。以衢州市的"同心共富·乡贤通"数字化应用为例，该应用项目秉持"家乡为我、我为家乡"理念，通过打通12个部门、60余项数据，构建了"感知乡贤、服务乡贤、助力共富、指数评价"4个应用场景和投资、人才、金融、健康、住宿、旅游、就学、建房、法律、专员代办等十大"暖心"服务。2022年，该应用发布了"共享食堂"公益项目，短短一个月时间就有46名乡贤捐资205万元，让1500余名居家老人从中受益。

积分制作为一种重要的现代化治理手段，通过对农村社会生活各方面进行积分量化，提升乡村治理的精细化、科学化、透明

化、规范化水平。当前数字技术的发展，为积分制的推广和传播提供了技术平台。数字化积分平台有助于降低基层治理部门间的协调成本，提升基层治理的效率，还有助于拓展村庄内部以及村庄与外部社会资源的横向协作，优化资源分配。此外，还可以通过积分数据的沉淀和挖掘，实现对村庄治理动态的实时呈现，从而全面掌握村庄治理状况，为以后的村庄治理提供更准确的资源与政策支持。那么，在积分制实施方面，如何选择好的数字化积分平台？如何落地实施数字化积分平台？如何更好地运营数字化积分平台？这些都是建设数字化积分平台需要考虑的重要问题。

第二节　数字化乡村治理积分平台的选择与功能设计

一、数字化乡村治理积分平台需要具备的基本属性

数字化乡村治理积分平台作为助力乡村善治的数字化产品之

一，必须"敲中"乡村治理的痛点，才能更有竞争力。一款好的数字化乡村治理积分平台需要具备以下特点：

第一，实用且易操作。以满足乡村基层治理的实际应用需求为原则，把实用性放在第一位，坚持先进，兼容传统，既满足治理手段现代化的要求，又能够适应乡村治理的传统秩序。以人为本，适应多功能、外向型的需求，对乡村治理的各种信息进行收集、处理、存储、查询、适度分析，为管理者提供有效的信息服务和充分的决策依据，使村民有安全、方便、快捷、高效的使用体验。

第二，开放且可扩展。乡村治理数字化必须适应农村差异化的特点，按照开放性和标准性原则设计。产品升级过程中，除了考虑先进、实用，还必须考虑治理理念、业务逻辑和功能设计的扩展性，功能容量应该有可持续发展的考虑。作为一款数字化产品，其标准化程度越高、开放性越好，则其生命周期越长。

第三，公益且可持续。数字化积分平台应突出公益性，前期结合村庄治理需求，以德育体系指标数字化为主要功能。规范运行后，适时根据乡村的发展需求，嫁接优质乡村资源，具备一定的市场属性，以维持其可持续发展。

二、数字化乡村治理积分平台的功能模块设计

（一）现有数字化积分平台功能设计中的痛点

数字化产品只有不断优化、迭代功能模块的设计与应用，才能让用户"用得了、用得好、用得长久"。当前不少乡村治理积分

数字化产品在设计理念中没有突出村民参与的主体性，大多数产品设计缺少互动，用户的黏性不足。目前来看，很多数字化积分产品的重要功能在于积分评分、审核、公示、排名。在整个过程中，村民的参与性、互动性不足。管理部门单方面输出较多，村民参与意愿不高。此外，很多数字化小程序界面设计较为单调，缺乏温度，用户体验有待提高；同时，积分数据更新时间较长，缺乏时效性和针对性。

（二）数字化积分平台功能设计需注重用户需求

数字化积分平台的用户主体主要包括县（区）、镇（街道）等基层部门、村干部、村民以及社会力量。因此，在数字化积分平台运营过程中，需要密切关注这部分群体的使用需求。

首先，要保质保量地完成基层政府部门所分担的乡村治理任务，必须将其下沉到村一级，尤其是触及村民末端，而单个部门完成这类任务需要投入大量的人力、物力和财力，因此亟须一个综合性平台为其提供低成本、可量化、末端触达的数字化解决方案。同时，相关部门在完成乡村治理工作时，需要有一些能量化和分析的资料以及数据看板来评估其工作实施效果，满足其动态追踪的需要。

其次，数字化积分平台运营维护的基本单位是村委会。村委日常对村庄的管理主要有三务公开、下达通知、宣传政策等，确保村庄日常规范化管理事项公开及时，并接受群众的有效监督，落实村民知情权，建立起与村干沟通的渠道。

再次，数字化积分平台终端用户是村民。如何优化积分制功能模块，吸引村民更好地使用终端很重要。可以通过拓展积分渠道，增强积分获取的持续激励效应。例如，学习普法视频、参与乡村文化活动、收听收看新闻广播、关注村庄发展等方面都可以获得积分。此外，还可以通过实时积分更新时的互动点赞、文明之星评选、年度积分表彰大会、线上龙虎榜等来激发村民的参与积极性。对于有经营业务和劳动能力的村民而言，积分数字化平台的资源可以为其提供农资购买、农产品销售以及非农就业的机会，有助于拓宽其增收渠道。

最后，从社会力量来看，很多社会力量都将乡村市场看作一片蓝海，他们有到农村投资和消费的意愿，但他们对农村的发展环境、要素禀赋等现状不是很了解，需要通过平台信息了解农村

现状。此外，在外的乡贤能人关注家乡发展，有回乡创业、帮助家乡发展的意愿，也需要了解家乡的资源现状以及商机。例如有些乡贤想回家乡发展乡宿，但不清楚哪些村庄有闲置农房可利用等。因此，通过数字化积分平台发布一些志愿者需求信息，以及乡村共建的信息，可以帮助使用者联结高校资源，实现政企学研创一体化发展的共建共享模式。

（三）数字化积分平台的功能模块设计建议

在乡村治理积分制推进工作中，数字化积分平台只有体现业务逻辑、设定配套规则，才能让用户"用得了、用得好、用得长久"。因此，一款好的数字化积分平台，其功能模块必须兼具业务逻辑和激励规则，才更能满足治理有效的目标，达到激发内生发展动力的目的。通过对已有乡村治理积分数字化产品的梳理和分析，本书认为数字化积分平台至少需要具备以下四个方面的功能：

1. 积分管理功能

乡村治理积分制实施之初，主要依靠人工评分、记录、核对、公示和兑换。积分制可以有效提升村民参与村级公共事务的积极性，但在实地调研中发现，有些地方由于实行人工记录和管理，积分考评开展频次较低，而且积分制评分、考核、公示的过程并不是很及时、透明，村民参与积极性不高，村庄在实施一段时间后，就会陷于"停滞"，用于积分兑换的"爱心超市"利用率也有所下降。

积分管理功能是数字化积分平台的基础功能。具体而言，积分管理功能主要包括积分记录、积分评定、积分排行、积分兑换、积分统计等方面。

积分申报、积分排行、积分展示等功能主要是方便村里日常开展积分评定工作。积分申报分为集体申报和个人申报，每月组织对村民开展集体打分，联户党员和个人对符合加分的项目进行实时申报和代为申报。积分排行、积分展示等功能主要是为了便于村民查看，通过排行榜等形式，激发村民参与积分制的积极性。

此外，数字化积分平台还可以连接支付终端及商品管理系统。一方面便于积分兑换，进行扫码兑换，使操作更简单、便捷；另一方面便于管理员查询库存情况，及时进行货物盘点，做出是否进货的判断。除了终端申报、评定以及兑换功能，积分数字化平台的后台任务管理功能也不容忽视。

2. 互动展示功能

积分制设置的初衷是通过"小激励"来激发"大动力"，看中的是村民通过积分兑换获得的满足感。随着生活水平的提高，村民对兑换的物质本身可能并不在意，但很看重当众兑换带来的满足感。积分排行榜根据村民积分情况定期进行积分排名公示，让村民的言行有"镜子"可照，有"标杆"可学，平日热心公益、文明环保的住户被更多村民知晓，"有德者有得"带头示范作用得到更好发挥。

开设"村民议事厅"等功能模块，村"两委"会议决议通过线上形式向村民进行公开，村民代表、全体大会可线上、线下并行征集意见、表决投票。通过网上投票、议事的形式，使得离乡在外的村民也能够及时参与村级事务管理，使村级事务管理更充分地体现民意，使积分制工作充分调动村民的积极性。

3. 数据分析功能

一直以来，乡村治理都缺少必要的数据量化分析和刻画。乡村治理积分制的推行，通过积分将村民的一些行为进行量化和展示，这就为乡村治理的量化分析和动态追踪提供了可能性。数字化积分平台的建设不仅要着眼于数字化技术对当下积分制实施的便利性，还要着眼于未来，通过对行为、数据的刻画和积累，不断拓展数字化平台的数据外延，丰富乡村治理数据属性，以加强对乡村治理活动的认知，为提升乡村治理施策的精细化和效率化水平奠定基础。例如，相关部门在完成乡村治理工作时，目前缺少有效的抓手来呈现部门工作的效果，文化下乡、普法宣传，其效果如何，乡村居民的接受程度如何，哪些服务更受欢迎等，这些都需要有一些可以量化和分析的资料。此外，县区级政府、镇级政府及各级职能部门所负责的乡村振兴重点工作，可通过积分指标任务的形式下发至基层各村，直接触达村民，通过对这些积分指标任务完成情况的统计，能直观地了解基层各项乡村振兴工作的执行情况。

4. 资源联结功能

数字化积分平台还可以通过拓展功能模块联结社会资源，形成乡村治理合力。社会力量可以包括乡贤能人、高校大学生、农产品以及乡宿乡游的供需双方等。例如：很多大学生有暑期社会实践等方面的需求,但他们不清楚能到乡村里做些什么,怎么在乡村振兴中贡献自己的力量。因此,可以通过数字化积分平台发布一些志愿者需求信息,以及乡村共建的信息,联结高校资源,实现政企学研创一体化发展的共建共享模式。此外,城市居民乡村游、体验游等活动的需求在日益增加,他们也需要对相关信息有所了解,例如,乡宿、乡游、乡厨服务以及农特产品的相关价格、品质等。这些信息的发布和管理也需要数字平台的支撑,加速线上、线下的高效流通。

数字化积分平台还可以通过功能板块的设置拓展功能的外延。数字化积分平台可以通过设置线上乡贤馆、线上农资商城、

农产品销售板块等,将农户的生产、消费、村集体与乡贤资源进行联结,还可以将积分行为与之相结合。通过数字化积分平台,可以精准对接城乡供需点,构建以人为中心的个性化生产消费服务体系,实现城乡要素的双向流动。此外,有些地方为了更好地凝聚民心、营造和谐的乡风氛围,创新出了村庄心愿墙功能。村委帮助村民发布心愿,助力村民互助,真正实现"你有困难我来帮"。但线下的心愿墙功能大都限于村庄内部,互助作用有限。而数字化积分平台可以将心愿墙拓展至线上,使信息可以触达在外工作的村民、乡贤、志愿者等人群。乡贤、志愿者、爱心人士和爱心企业也可以在线认领村民心愿,帮助其完成心愿。

三、"德育乡村"平台:从1.0到3.0的功能升级迭代

青岛西海岸新区的德育乡村App历经近5年的发展,先后进行了3轮重要迭代升级。它的发展迭代历程可以看作数字乡村治理不断拓展的缩影。梳理其从1.0到3.0的迭代过程,有助于深化对数字乡村治理平台功能设计的认识。

(一)德育乡村1.0:构建德育积分基础模块

德育乡村1.0,主要是基于德育积分评价与公示的功能需要进行开发,主要包括区、镇、村三级数据后台以及村民端的App小程序。小程序端的主要功能有评比打分、查询积分、限时整改等。由系统生成的二维码,实现了"一户一码",通过扫码可以便利查询农户的积分情况。为了便于老年人参与积分,西海岸新区还在此版本基础上研发了大字体的老年版,并与地方电视台合作,推出

电视端的积分查询功能。德育乡村1.0是积分制数字化应用的初始阶段。

（二）德育乡村2.0：从德育积分到村务治理

德育乡村2.0的升级主要是基于村级事务管理的需要。在落地实施积分制的过程中，运营团队坚持常态化走访试点村，了解积分制落地过程中面临的问题和挑战。调研走访发现，很多村日常村务管理比较烦琐，经常需要逐户下发"明白纸"，不但耗费精力，而且收效还不是很好，希望能够通过数字化手段来提升村级事务管理效率。为此，德育乡村2.0应运而生。德育乡村2.0在原有的积分功能板块的基础上，增加了村级事务管理板块，包括党务、村务、财务的公开，重要政策及通知的下发，设置心愿墙、村民议事厅等互助互动板块。此外，还开始尝试通过设置线上乡贤会客厅等板块，拓展与乡贤的联系。通过平台功能的升级拓展，显著提升了村民和村干部对平台的使用率，有效助力了村级治理效率。

（三）德育乡村3.0：从乡村善治到共同富裕

相较于德育乡村1.0和2.0，德育乡村3.0升级更多，功能更全，顺应了从乡村善治走向共同富裕的社会发展需要。具体而言，主要包括三个板块：乡村善治、社会参与及共富行动。其中乡村善治包括德育指标、德育活动、村务圈三个板块；社会参与包括乡贤云、心愿墙、乡村记忆馆三个板块；共富行动包括乡程、人才培养、印迹乡村三个板块。具体而言，乡村善治仍然延续了德育乡村1.0和2.0的功能设计，主要通过指标、积分、德育币、党员联户等协助管理村内事务。同时村里将村内的三务进行公开,村民可及时了解村务情况,村里也可以举行德育活动促进乡村发展。社会参与板块设计主要是通过设置乡贤云、心愿墙等功能吸引各界人才帮助乡村发展。通过乡贤云将村里的各位乡贤聚集起来为乡村

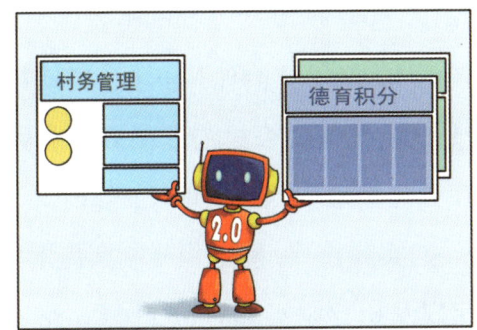

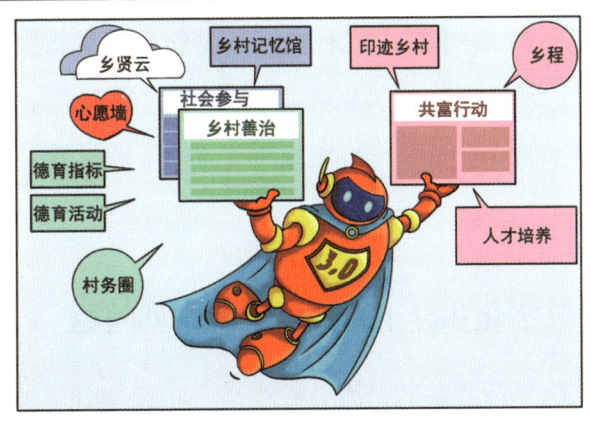

发展献策献力，通过心愿墙吸引企业或个人更好地为乡村发展提供支持。乡村记忆馆将村庄发展过程记录下来，通过老故事、老照片、老味道让大家将记忆、文化、榜样精神传承下去。共富行动主要包括股权分配、人才培养、农文旅一体化服务、乡程等板块，其中，乡程板块主要为农产品、文旅产品的推广销售提供支持，股权分配板块主要帮助村级运营进行收益分配，人才培养板块为村里的产业发展提供人才培养支持。

第三节　数字化积分平台的落地实施

乡村治理积分制的本质在于"治理"。因此，推动数字化积分平台落地实施最重要的前提是对乡村治理积分制业务逻辑的梳理，要明确积分制在乡村治理中的重要地位。如前文所述，基层政府要根据当地发展的实际需要，确定积分制实施的意义、业务逻辑、积分指标设定以及积分制实施的制度保障，落实不同主体在积分制推动中的责任。只有梳理清楚积分制推行实施的各项细节和逻辑，才能更好地运用数字化技术提升其便利性，拓展积分制在乡村治理中的作用。没有这个大前提，数字化积分平台的建设就是"无源之水、无本之木"。

一、数字化积分平台开发中的常见问题

数字化平台产品的开发、实施是一项需要投入时间、精力、

资金、人员的项目管理系统工程。当前很多地方政府在乡村治理数字化过程中，都倾向于自主开发，包括依靠自身的技术力量进行自主研发，或者将业务外包进行联合开发。因为自主开发可以根据当地的乡村治理需要以及经济发展实际进行量身打造，尤其是开发定制一些特色功能，对本土村情、民情有较好的适配性。同时，还能较快满足不断变动的乡村治理积分制管理的变化需要，能及时响应积分业务要求。但从已有的自主开发的实践案例来看，基层政府自主开发数字化积分产品，目前仍然面临以下三方面问题：

（一）自主开发投入大，财政压力不容忽视

数字化产品开发前期资金投入量比较大，包括人员、技术、

设备等一系列投入。开发软件一般需要较多优秀的、具备软件开发实力的专业人才,人力资源费用大,而且后期系统成熟稳定后,前期投入的人力资源将可能大量闲置、浪费。而一般基层政府部门缺少专业技术人才的储备,很多地方在进行数字化平台开发时都以外包服务居多。据不完全统计,如果选择外包开发,县级数字化业务平台的开发费用一般都在百万元以上,镇街数字化平台的开发费用也基本在数十万元,财政投入压力较大。有些经济薄弱地区的政府工作人员也表示,政府在推动数字化方面,资金问题是其面临的重要约束。

(二)后续运维难度大,容易造成"烂尾"工程

自主开发产品,尤其是外包式开发,其产品开发过程可能不够规范,开发文档不全。开发公司的人员流动对后期开发、优化等技术细节将造成障碍。此外,乡村治理领域本来就是动态变化、与时俱进的,随着乡村振兴全面深入地推进,乡村治理积分制的内容和要求也在逐步变化。伴随乡村治理的动态变化,数字化产品也需要不断升级,以满足业务需求,而外包开发业务一般都是即期合同行为,后续如何有效运维,也是自主开发需要考虑的问题。

(三)产品开发"重技术,轻业务",会造成一定的开发风险

自主开发的优点在于可以更好地适应当地需求,但其某些应用可能缺乏相应案例借鉴。目前市场上能够开发软件的团队有很多,但很多团队对农村的实际情况缺乏了解,在产品设计与开

发过程中由于前期论证不够充分,业务流程没有很好地梳理,后期就会面临软件应用"水土不服"的现象。现实中,有些地方开发的业务软件系统应用体验不好,最终被"束之高阁"的例子并不少见。因此,自主研发地方型数字化积分平台的困难与挑战并不小,需要基层政府进行深入详细论证。

二、数字化积分平台产品的落地实施建议

(一)做好前期需求调研和论证

如前所述,数字化积分平台的落地实施,其核心不在于技术,而在于业务逻辑。因此,在落地数字化积分平台之前,必须做好充分的前期调研和策划设计。例如,要充分了解农村数字化基

础设施状况，要摸清楚农村居民的数字化素养现状，尤其是要了解农村治理相关主体对数字化平台的使用需求。只有充分了解基层现状以及主体需求，才能更好地选择数字化产品或进行功能开发。"磨刀不误砍柴工"，前期深度调研和策划虽然耗时耗力，但可以保障数字化积分平台的平稳落地和可持续运营。目前很多基层政府都意识到前期调研及策划设计的重要性，有的甚至通过购买第三方社会化服务的形式完成前期调研，以确保平台、政策实施的稳定性。

（二）优先选择成熟数字化产品

若地方乡村治理特点不是很突出，尤其是在进行镇、村级小规模试点时，则可以考虑直接购买成熟软件，这样在减少前期资金投入量、降低实施风险的同时，也可以适度对乡村治理积分制的业务进行逐步完善，培育管理人员队伍，为后期的推广做准备。目前有很多已开发的、成熟的数字化积分平台，基层政府可以在前期需求调研的基础上，选择适合自己地方特色的成熟产品。使用成熟、标准化套装软件，可以省去大量的开发时间，其上线速度快，且价格比较适中，减小了财政投入压力。同时，具有推广、复制意义的乡村治理数字化积分产品一般都经过了充分的测试验证，软件安全性能好，功能相对齐全，有较为充分的案例实践，可以通过考察其实际效果再决定选择，上线的风险会小一些。此外，这类数字化产品的软件接口一般都是开放性的，集成性较好，能够满足基层政府未来信息化不断发展的要求。

（三）二次开发需重视团队选择

乡村治理的基本业务逻辑对本地村情、民情依赖度较高，若地方政府社会经济条件较好，财政资金优势明显，同时地方民情、村情较有特色，并且政府本身具有一定的信息化基础，建议选择"成熟平台底座功能+二次开发"的模式。在二次开发过程中，建议进行充分的市场调研，尽量选择既懂开发技术，又懂农村治理业务逻辑的团队。二次开发能在软件中真正体现、固化乡村治理的核心理念，同时功能模块方面还能凸显地方特色。

三、数字化积分平台的运营

（一）内容运营

有研究表明，数字App的用户黏性大小主要取决于其提供的服务是不是高频需求和刚需的。如果不是高频使用的App，就必须聚焦用户的强需求，提高内容价值，为用户提供实际帮助。在推进数字化积分平台的实践中也存在此类情况。有些地方开发的积分App功能单一，只是用于积分评比、排名、查看等，同时缺乏必要的内容管理。而积分评比的频次基本都是按月，村民对数字化平台的使用频次和关注度会逐渐下降。从后台数据的分析中可以发现，有些村庄的村民活跃度在经过3~6个月之后，就会出现断崖式下跌。因此，数字化积分平台需要进行附加功能的开发和迭代，在积分平台的基础上，融入村务管理、心愿墙、精神文明实践站等功能，如此一来，既丰富了内容，同时也增加了App的用户黏性，有助于提升村民参与积分活动的频次。

(二)活动运营

所谓活动运营,就是根据既定目标,通过策划并执行短期活动,在一定时间段内快速提升产品指标的运营手段。对于数字化积分平台而言,则主要是指通过"线上+线下"的形式,通过举办各类活动,增强各类主体参与积分制治理的积极性。例如前文提到的,在积分兑换环节,可以策划举办一些颁奖活动、文体节目等,通过实地活动吸引村民关注,强化村民对积分制的认知,调动村民的积极性、参与感,增加用户黏性。除了线下实地活动,线上的活动运营也很重要。数字化积分平台还可以结合文明办、妇联等相关部门的活动发起线上投票或比赛等。例如,通过线上平台展示和线下活动举办相结合的方式,将平台作为参与文化表演、文明家庭评比、农家创意短视频大赛等活动的展示窗口,提高村民对文化活动的参与积极性。将党的路线方针政策、社会主义核心价值观、科学文化知识等融入其中,旗帜鲜明地反对各种不良风气和陈规陋习,通过农民群众喜闻乐见、愿意参与的方式,激发其参与精神文明建设的热情。

(三)数据运营

乡村治理数据收集主要集中于:村民积分行为数据、流量数据、业务数据、外部数据四个方面。乡村治理积分制实现了传统治理任务的量化和标准化。因此,在积分制实施过程中,除了个人端的App应用,也可以通过对后台数据的整理和分析,刻画乡村治理的整体动态。在后台管理中,主要分为村级层面和区、镇(街道)层面的后台数据管理。为了更好地跟踪乡村治理动态变化,更精准地助力乡村治理政策实施，有条件的数字化积分平台可以开发乡村治理诊断报告功能，按月、按季度等出具不同层面的乡村治理报告，为地方政府决策提供依据。同时，随着乡村治理积分制数字化手段的不断普及，未来也可以基于乡村治理积分制，开发乡村治理活力指数，为全面推进乡村振兴提供科学助力。

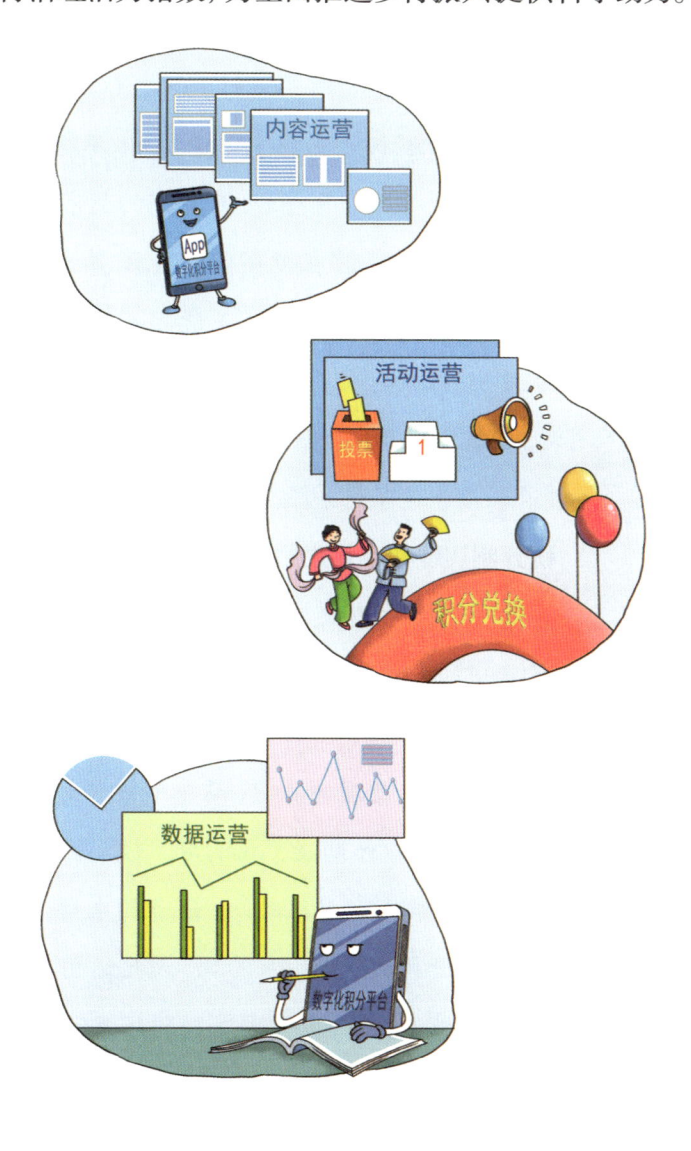

实操小贴士

1. 积分制数字化，技术手段与治理理念哪个更重要？

在推进乡村治理积分制数字化进程中，加强数字化平台和客户端的建设是实现数字化的基础。但归根结底，数字化平台只是工具、手段，而乡村善治才是最终目的。因此，在推进乡村治理积分制数字化进程中，不能为了数字化而数字化，不能将原有可整合、可利用的数字化平台弃置一旁重复建设，也不能在数字化功能设置上"贪大求洋"，而在内容建设上应付了事，不能陷入目的服务于手段、形式大于内容的误区。应在乡村治理理念上多下功夫，深入思考，在数字化开发和应用中要量力而行、尽力而为，以乡村善治来指导数字化手段应用。

2. 积分制实现数字化之后，就不需要线下互动了吗？

乡村治理的本质主体是"人"，客体是"事"，需要关注"人"在治理中的主观能动性。积分数字化只是手段的数字化，而不是治理的数字化，因此不能因为强调数字化便利就弃守线下走访和治理的功能，从一个极端走向另一个极端。事实上，由于积分制数字化的应用极大地提高了效率，基层工作人员摆脱了以往时间、地点的束缚，客观上拥有更多的时间开展线下走访和治理，因此运用数字化并不意味着取消了线下服务，而是要加强现场互动。

3. 积分制数字化平台如何根据区域特点进行调整?

数字化平台在开发过程中,应考虑到"千村千面"的问题,在制度体系建立、流程运行设计和规则设定匹配上尽可能灵活、全面,以适应不同的农村特点。例如,农业生产为主的农村、乡村旅游为主的农村、工业发展为主的农村等,不同的农村,其居民的收入结构、生产生活行为有所差异。在数字化推广过程中,要对村庄特点进行归纳总结,梳理"模式村庄"特点,根据经验推广的过程进行迭代更新。

第五章

乡村善治积分制的
应用拓展

中央农村工作领导小组办公室、农业农村部下发的《关于在乡村治理中推广运用积分制有关工作的通知》中明确指出：积分制适用范围广泛，农村经济社会的方方面面都可以细化成具体积分指标，通过积分制将乡村治理与发展乡村产业、开展农村人居环境整治、推进基础设施建设、保护生态环境、塑造文明乡风、扶贫济困等乡村振兴的重点任务有机结合，有助于构建共建共治共享的乡村治理格局，促进乡村全面振兴。党的二十大报告提出的"全面推进乡村振兴"意味着乡村振兴已从点上探索转向全面推开、全面提升。这不仅对全面、系统、深入地推进乡村治理提出了进阶要求，还对以乡村全面善治推动乡村全面振兴提出了更高要求。近年来，青岛西海岸新区在积极推动乡村治理积分制数字化的过程中，紧扣基层治理和乡村发展两条主线。一方面，聚焦移风易俗、美丽乡村、平安乡村以及精神文明建设等重点问题，依托数字化积分平台，整合县乡村三级乡村治理政策资源，畅通村民及社会各界力量参与乡村治理的渠道，调动多方主体参与乡村治理的积极性，营造和谐乡风，实现乡村治理有效；另一方面，致力于盘活整合村庄存量资源，促进政策、资金、人才等要素聚合，致力于打造"五建合一、五乡互融"的乡村运营生态，通过孵化村级运营公司，优化利益联结机制，推进产业融合发展，促进休闲创意农业、乡村文化旅游、农村电子商务等新产业新业态的发展,助力打造具有区域特色乡村发展新模式。西海岸新区的发展经验表明,在以积分制推进乡村全面振兴的过程中,探索三步走:首先,要以积分制实现乡村善治,夯实发展基础;其次,要吸引社会力量参与,借力打力,通过强化内外联动,聚合发展资源;最后,聚合力量,加强乡村运营,最终实现共同富裕的目标。

第一节 积极转变思维

当前社会,大数据、物联网、AI等新技术层出不穷,电商、直播、短视频、社群营销等新模式、新业态迭代加速,这些新技术、新业态、新模式也给乡村带来了新活力和新机遇。乡村发展环境和发展条件都发生了深刻变化,发展理念和发展方式有了重大转变。可以说,当下的乡村,唯一不变的就是"变"。在日新月异的变化中,作为乡村发展的组织者、参与者、推动者,也必须求"新"、求"变",不能故步自封,要与乡村全面振兴、群众的期待相匹配。社会发展"轻舟已过万重山",作为乡村基层干部,更不能"刻舟求剑"。

思维方式和工作方式要因时而变,"工欲善其事,必先利其器"。乡村全面振兴的当前,乡村治理的基层干部也需要及时转变思维,以科学思维方法保证善作善成。

一、系统思维

党的二十大报告中指出，必须坚持系统观念。万事万物是相互联系、相互依存的。只有用普遍联系的、全面系统的、发展变化的观点观察事物，才能把握事物发展规律。党的十八大以来，以习近平同志为核心的党中央坚持系统谋划、统筹推进党和国家各项事业，根据新的实践需要，形成一系列新布局和新方略，带领全党全国各族人民取得了历史性成就。在这个过程中，系统观念是具有基础性的思想和工作方法。习近平总书记说过："完

整、准确、全面贯彻新发展理念,必须坚持系统观念。"党的十九届五中全会将"坚持系统观念"作为"十四五"时期经济社会发展必须遵循的原则之一,这是我们党在总结实践经验基础上作出的重大理论概括,也是全面建设社会主义现代化国家的重要遵循。

(一)系统思维的定义

系统可以是一个生态环境、一个村庄,或者是个人的一堆工作。这些系统各不相同,什么领域都有,但是它们内部的互动关系有一些共同的特征。比如说,系统内部有多个部门或主体,这些部门或主体有一个共同的大目标,比如说所有村民都希望自己的村庄发展得越来越好。但与此同时,每个家庭或每一位村民又都有各自的"小目标"。这些个体的"小目标"可能跟村里发展的"大目标"完全一致,也可能会存在出入。而系统思维是一种思维方式,鼓励我们通过聚焦系统内各部分之间的联系和相互关系来看待事件和模式,而不再是孤立地去看待各个单独的部分。系统思维使我们不再一味地只是想快速解决问题,而是去考虑我们的行为可能会造成什么样的长期后果,帮助我们实现对事物更深层次的理解。

(二)系统思维在乡村治理中的运用

在运用系统思维的过程中,必须要顺应"系统"的特性,即整体性、结构性、层次性、开放性和反馈性。

1. 小处着手,大处着眼

我国著名科学家钱学森曾指出:不讲整体不行,只讲整体也不行。系统思维的整体，体现在系统的各要素要关联起来，把握系统的主导因素。习近平总书记指出："要加强和创新乡村治理，建立健全党委领导、政府负责、社会协同、公众参与、法治保障的现代乡村社会治理体制，健全自治、法治、德治相结合的乡村治理体系，让农村社会既充满活力又和谐有序。"完善的乡村治理体系要求在乡村治理的过程中，不能将人和事割裂开来，不能"各自为政"，需要意识到，村庄事务、村民行为、社会资源始终处于相互依赖、相互关联之中。因此，在解决乡村治理具体事务时，必须从小处着手、大处着眼，从目标任务的最低层次、最细部分开始。"天下难事，必作于易；天下大事，必作于细。"

2. 重点突出，主次分明

在乡村治理过程中，很多干部事无巨细，亲力亲为，可谓"磨破了嘴，跑断了腿"，可工作成效并不明显，总是"按下葫芦浮起瓢"，干部自己也常常会有"出力不讨好"的感觉。造成这一现象很重要的原因就是没有树立系统思维，没有处理好工作的主次问题。"没有重点，就没有全局。"系统思维认为各要素之间的联系不是均衡的联系，而是有主次之分的。有的要素起主导作用，甚至决定事物的性质，有的要素则只起辅助作用。既要有顶层设计和总体目标，也要有具体的任务分解，做到"立治有体、施治有序"，避免零敲碎打、碎片化修补。因此，运用系统思维一定要着力把握系统中的关键环节，抓住重点和要害。

3. 张弛有度，把控节奏

系统思维讲求动态平衡，开放有序，在工作中需要保持大局观和工作定力。在乡村治理过程中,既要有执行落实政策的"雷厉风行",也要有整体布局、徐急有度的定力。在全面推进乡村振兴的过程中,要注重加强不同治理任务和政策之间的配套衔接,避免单兵突进、顾此失彼。需要进行试点的政策,不能急于铺开,需要立刻部署的,也不能拖延。乡村治理相关部门之间要协同共进,避免各行其是、相互掣肘。在政策执行过程中,还要注重信息公开、透明,通过全面、及时地公开有关的政策文件、通知通告、办事指南等,使群众及时了解政策精神,避免因为信息不畅打乱正常的落实节奏。

二、多米诺思维

(一)多米诺思维的内涵

多米诺骨牌呈长方形,按相当距离排列,推倒一张,便会撞倒第二张、第三张……不计其数,这就是多米诺骨牌效应。多米诺骨牌效应告诉我们,在一个相互联系的系统中,一个很小的初始能量就可能产生一系列的连锁反应。多米诺思维就是将事物之间看作相互联系的,只要把事情与事情之间的触发机制和路径设计好,就会产生一系列的连锁反应。而且每个事情所产生的惯力会延伸到下一个事情当中,导致很小的投入最后产生很强大的能量。

(二)多米诺思维在乡村治理中的运用

在乡村治理中引入多米诺思维,就是基层干部既要看重乡村治理过程中的一些微不足道的小事,要思考得多一些、远一些、大一些,找出乡村治理各项事务间的逻辑关联。具体而言,要做好以下三个关键方面：

1. 明晰起点和终点

终点和起点必须清晰，也就是最后一张骨牌和第一张骨牌的位置要放好。上级布置的乡村治理各项任务看起来似乎有些"繁杂"，但无论是乡风文明建设还是村居环境整治，每一项任务的最终落脚点都是让村庄发展得更好。因此，在落实乡村治理任务过程中，必须明确这一终点，即让村庄变得更宜居、更宜业、更和美。确定了终点之后，还要明确起点，即从哪一项事务入手，可以让村庄更容易变好。例如，在乡村治理中移风易俗，改变村民迷信封建的观念相对需要较长时间，而村居环境整治、清扫街道卫生相对更容易入手，后续再推进其他工作就显得更容易了。

2. 设计好关键节点

在多米诺骨牌的游戏中，对于中间骨牌的设置要足够巧妙，

主要是距离和大小的把握,如果距离太大就连不起来,也就推不倒,如果都太小就很浪费。

在现实中,这种现象并不少见。有些干部在工作中疲于应对上级下达的各项任务,孤立地看待单项任务,没有思考这些任务之间的关联,最终获得的也仅仅是一项任务成果。如果能够设计好关键节点,就可能会产生"多米诺"式的连锁效果。那如何选择或设计关键节点呢?我们通过对多个优秀村书记的访谈发现,他们中的很多人都擅长通过设定村级发展目标,然后进行任务分解来寻找关键节点,制定出短期任务、中期任务、长期任务,分清楚哪些马上可以入手,可以为后续的哪些任务奠定基础……通过这种任务梳理、分解,就可以找出关键节点,达到积"小分"、成"大业"的目标。

3. 发挥好启动力量

在多米诺骨牌当中,每一张骨牌倒下,其重力势能都会化作动能,推倒后一张骨牌。第一张骨牌如何发力,对后续的多米诺骨牌效果会产生重要影响。从已有的管理实践来看,人性驱动所产生的势能是多米诺骨牌效应发挥的重要因素。对于乡村治理而言,也是如此。纵观国内众多乡村治理效果比较突出的地区案例,所有做得好的地方,基本上都充分考虑到了村民的参与感与获得感,充分考虑了村民的自身利益,采取了激励措施,例如积分兑换、红榜鼓励等。只有真正践行乡村振兴为农民而兴、乡村建设为农民而建的理念,激发出村民参与自治的积极性,乡村治理的多米诺思维才能发挥效力。

三、借势思维

(一)借势思维的内涵

所谓借势思维,就是顺应时代发展方向,对环境及趋势变化保持敏感,善于抓住环境变化或趋势发展所带来的机遇,善于借助外界力量,实现自身的发展目标。如果是弱势方,则需要借助比自己强大的力量或渠道,"站在巨人的肩膀上",借势助力自己的发展;如果是强势方,也需要尽可能拓展自己的合作圈,与强者互相借势,强强联合。运用借势思维可以有效地整合资源,提高资源利用率。资源有限,思维的张力无限。在乡村全面振兴的当下,我们更要学会开阔自身的思维视野,向强者借势,向市场要势,从而快速提高自身的竞争力。

（二）借势思维在乡村治理中的运用

1. 善借政策之势

乡村全面振兴，离不开国家的扶持政策、区域经济发展的大势。要在大势与大局中找准自己所在乡村的定位，并学会借势借力。当下，无论中央还是地方政府，都出台了一系列乡村振兴政策，如美丽乡村建设、人居环境改善等，乡村治理的基层干部一定要认真、仔细地去研究、解读政府政策，在产业政策及发展方向方面，要立足于村庄自身的发展优势，积极顺应政策引导，选择政府鼓励和支持的产业发展，充分用好、用足政策在产业发展中给予的人才、资金、市场等方面的扶持。

2. 善借科技之势

以大数据、云计算、区块链为标志的新一代新兴技术为乡村振兴带来了新的发展机遇，要把发展机遇转化为发展优势。"工欲善其事，必先利其器。"如果对新兴技术"看不见""看不懂""跟不上"，就很难在数字经济快速发展的当下跑出速度，追上时代。在乡村治理过程中，更应顺应时代契机，借助新兴技术的发展，实现更深层次的互联互通。

3. 善借社会之势

资源匮乏、人才短缺是乡村振兴面临的两大难题，这两大难题当下仅靠农村社会自身的力量难以解决，必须借助外力，即借助社会资源。村庄可以通过乡贤或政府牵头引入一些专业企业，进行村企合作，既可以为村庄产业引入资金、技术，又可以为村庄管理引入先进的管理经验，实现村集体经济的长远发展。此外，村企合作还可以深入挖掘村庄资源禀赋红利，带动更多村民参与产业发展，通过引入新业态、新模式，最终实现乡村产业兴旺。村庄还可以通过与高校、政府部门、社会团队等各种社会组织建立联系，借社会人才之智，为村庄发展提供创新动力。抓住国家政府出台的相关扶持政策的机遇，鼓励、引导应届毕业大学生回乡兴农；建立完善的激励机制，吸引和调动农村致富能人、退伍军人等人才返乡入乡创业；发挥群团组织的号召作用，吸引外出打工青年回乡从事农业生产经营活动；营造良好氛围，支持和促进城镇优才、专才等人才要素向农村流动。

第二节　聚合各方力量

"中国要强,农业必须强;中国要美,农村必须美;中国要富,农民必须富。"乡村振兴是实现第二个百年奋斗目标的必经之路,是城乡融合发展的桥梁和纽带,是全社会共同参与的系统工程。因此,在全面推进乡村振兴的过程中,要立足本来、吸收外来,要突出资源联结的重要性,形成乡村振兴的合力。农村发展最缺乏的仍然是资金、技术和人才,需要更大规模、更广范围、更为持续地引导资源要素向农村流动。联结社会资源,畅通城乡要素循环,促进城乡融合发展是未来乡村全面振兴的重中之重。习近平总书记指出:"乡村振兴,关键在人、关键在干。"[①]人才是乡村振兴的第一资源,要解决"人"的问题,其关键就是要造就、引进更多服务乡村振兴的人才,要用好、用活乡村各类人才。"德育模式"秉承"激活乡村人才存量,引入乡村人才流量"的原则,打造原乡人、归乡人、新乡人融合共生的乡村社会共同体。

一、激活原乡人的发展动力

一是要加强培养新型农业经营主体带头人。2022年农业农村部《关于实施新型农业经营主体提升行动的通知》提出,"以

[①] 《乡村振兴,关键在人、关键在干》,央广网,https://news.cnr.cn/native/gd/20230412/t20230412_526215339.shtml,2023-04-12。

加快构建现代农业经营体系为主线，以内强素质、外强能力为重点，突出抓好农民合作社和家庭农场两类农业经营主体发展"。紧紧抓住"耕耘者"振兴计划、乡村产业振兴带头人培育"头雁"项目等国家政策契机，加大对新型农业经营主体带头人的培育；同时，也要创新实施高素质农民培育计划，面向家庭农场主、农民合作社带头人开展全产业链培训。坚持"应培尽培""愿培则培""需培就培"，拓宽培养途径，加大培养力度，不断提高农民专业技术水平。

二是要加强培育新型职业农民。新型职业农民是振兴乡村、发展现代农业的重要主体。培育全面发展的新型职业农民，是顺应农业现代化、市场化、智能化发展趋势的客观要求。在全球化、信息化深入发展的时代背景下，培育新型职业农民要坚持国内与国外相结合，坚持理论与实践相统一，在推广现代农业科技的同时，重视传授经营管理经验，培养市场竞争意识、风险意识和品牌建设意识。同时，坚持线上与线下同发力，加快新型职业农民培育云平台建设，为农民提供更丰富、更便捷的教育培训服务；加强农村电子商务知识技能培训，拓宽农产品销售渠道。

三是要加大新业态创业培育力度。《全国乡村产业发展规划（2020—2025年）》中提出："深入实施农村创新创业带头人培育行动，加大扶持，培育一批扎根乡村、服务农业、带动农民的创新创业群体。"尤其是要培育一批"田秀才""土专家""乡创客"等乡土人才，以及乡村工匠、文化能人、手工艺人等能工巧匠，领办家庭农场、农民合作社等，创办家庭工场、手工作坊、乡村车间等。要以拓宽农业产业链为着眼点开展新就业形态培训。开展新就业形态技能提升和就业促进项目试点，强化电商、直播带货等新就业形态培训，通过新就业形态培训，帮助农村劳动者实现农业种养殖、存储、销售一体化经营，推动农业产业链化管理，同时，对有创业意愿的农民也要积极提供创业担保贷款政策。

二、激发归乡人的爱乡情怀

培育乡贤文化，发挥新乡贤在乡村振兴中的独特作用，既是历史传承，也是时代发展的需求。很多离乡的农民或大学生在外打拼、奋斗多年，他们具有一定的社会影响力和社会关系，而且也对乡村公共事务保持着较强的参与热情。

（一）成立乡贤理事会

2015年"中央一号文件"指出："创新乡贤文化，弘扬善行义举，以乡情乡愁为纽带吸引和凝聚各方人士支持家乡建设，传承乡村文明。"新乡贤文化有利于农村经济社会的发展。新乡贤大多是各行业的成功人士、时代精英，他们具有新知识、新眼界和更为广泛的社会资源。同时，他们也有为家乡谋福利的热情。建立"乡贤理事会"，就是以"乡土、乡情、乡愁"为纽带，完善乡贤组织网络、乡贤工作机制。依托乡贤理事会，建立健全乡村治理"乡贤+"模式，引导广大乡贤在服务经济上增动能，在社会公益上作贡献，为加快实现乡村振兴和经济高质量跨越式发展提供更加强大的新动力。

（二）打造线上乡愁馆

为了让更多在外工作和学习的人能够及时了解家乡的发展动态，青岛西海岸新区"德育乡村"还依托德育乡村数字化平台收集、加工、推广乡村传统文化资源，打造具有地域特色的乡村云记忆馆，展示村庄历史、发展成果、未来规划，以乡愁为纽带，畅通彼此间的交流渠道。乡村云记忆馆主要分为老照片、老故事、老味道三大板块。通过收集与村庄有关的老照片，唤回村民对乡村点点滴滴的记忆，同时将老照片梳理成时光档案，记录村庄的发展历程；通过收集与乡村重大历史时间、重要代表人物有关的老故事，让乡村的优良风气弘扬传承；通过记录村里的老味道，让"舌尖上的乡愁"得到传承、回味。除了乡村记忆，西海岸新区

"德育乡村"模式还开通了乡贤云板块,以方便在外的游子实时关注乡村信息,为乡村的发展贡献自己的力量,为家乡发展出谋划策。此外,还通过设置心愿墙、雷锋榜等栏目,积极对接、宣传助乡信息,鼓励社会力量助力乡村发展。

(三)丰富乡贤返乡助乡文化活动

西海岸新区"德育乡村"在推进过程中,十分注重引导"德高望重的本土精英"关心公益事业、"功成名就的外出精英"关注家乡发展、"投资创业的外来精英"扎根第二故乡,推动新乡贤工作的常态化、规范化、制度化。通过不断丰富乡贤返乡助乡文化活动,适时开展"乡贤茶话会""乡贤恳谈会"等联谊活动,打好"乡情牌""乡愁牌""乡村振兴牌"。例如,在鼓励老干部、老战士、老专家、老教师、老模范等"五老"力量返乡助乡方面,西海岸新区"德育乡村"联合区老干部局等职能部门,创新激励机制,充分发挥"五老"群体阅历丰富、德高望重等优势作用,助力乡村全面发展。目前,西海岸新区建有多个老干部乡村振兴志愿辅导队,积极发挥"五老"的工作热情,助力提升社会参与质量。此外,"德育乡村"通过设立"荣誉榜""文明乡贤奖"等措施,加强荣誉激励,鼓励新乡贤参与和美乡村建设,吸引文化名人返乡助乡,形成"心往一处想、劲往一处使"的共商共治共享新局面。

三、激励新乡人的参与热情

(一)校地合作,引智引流

村庄要充分通过上级政府、乡贤等社会资源,积极对接高校，通过线下建立大学生实践基地、青年创客联盟等形式，吸引高校专家、学者以及学生参与乡村发展。此外，还可以通过积极参与"印迹乡村"等线上活动，充分发挥大学生在振兴乡村发展、弘扬乡村文化方面的优势，既达到了宣传村庄的目的，又充分借助了高校大学生的智力资源，真正实现了共建共享。除了高校资源，本地的中小学资源也是乡村发展的重要客流资源之一。"耳闻之不如目见之，目见之不如足践之，足践之不如手辨之。"近年来，"研学+乡村"成为助推乡村振兴的重要方式，"关注乡村""学在乡村"也成为全社会的重要共识。村庄可利用村内闲置院落打造以国学、农耕等传统文化为主题的研学体验基地，将中小学生的研学实践教育与文化、旅游、农业等产业有机结合。西海岸新区宝山镇就通过第三方运营公司与周边村集体和村民共同入股的形式建立了研学基地——沃泉山庄，通过公司化运作，既带动了村集体经济壮大和村民生活水平提高，同时也为学生们提供了一个学习传统文化的基地和平台，实现了共创共赢。

西海岸新区巧借院校智力，搭建实用人才"生态圈"

西海岸新区在打造"德育乡村"模式的过程中，依托青岛西海岸乡村振兴研究院加强经验总结和理论指导，先后与农业农村部农研中心、中国人民大学、广州大学、西安石油大学、山东女子学院等多家高校院所建立了良好的合作关系，共同开发完成"和美乡村——中国式现代化与乡

> 村振兴""社会调查——在调研中探索乡村真知""乡村善治——'德育乡村'的压舱基石""社会参与——'德育乡村'的共振外溢""共富行动——'德育乡村'的康庄大道""数字集成——'德育乡村'的科技底座""价值密码——全域资源的价值共创""高级实战——乡村振兴的热点剖析"等系列课程。同时,在乡村管理、乡村产业运营、乡村文化创意设计等方面,开展培训17次,1000余人次参加,进一步为乡村善治、共同富裕提供了有力保障。

（二）引育创客，聚智汇力

据农业农村部数据,2021年我国各类返乡入乡创业创新人员达到1120万人,大学生、退役军人、科技人员等成为返乡入乡创业主力,乡村创客呈现出多元化的格局。相关研究表明,一个返乡创业创新项目平均可吸纳6.3人稳定就业、17.3人灵活就业。国务院印发的《"十四五"推进农业农村现代化规划》提出,将"打造1500个农村创业创新园区和孵化实训基地,培育10万名农村创业创新导师和100万名带头人,带动1500万名返乡入乡人员创业"。因此,在全面推进乡村振兴的过程中,需要加快培育乡村创客队伍,推动"青年组团、进村抱团"创业,形成"一村一创客团队"的农村人才集聚格局,助力共同富裕。积极运用创业扶持政策,优化村庄创业环境,以乡、创、文、旅为主线,使都市创客近悦远来,充分为乡村贡献智慧和力量。

> **西海岸新区多措并举，打造青年人才"文创圈"**
>
> 作为农业农村部第三届"印迹乡村创意设计大赛"——山东省赛"印迹鲁乡"大赛的首站，青岛西海岸新区定制赛创新设立了"德育乡村"竞赛单元。大赛面向高校大学生征集作品，内容涵盖空间设计、营销设计、文创设计等10余项比赛类目。此次大赛共有中国石油大学、青岛农业大学等20余所高校的900余名大学生报名参赛。在首届印迹乡村创意设计大赛中获奖的宝山镇"明月"苹果礼盒、"小镇梦境"文创等作品，现已投入市场，每年可为农户增收200余万元。此外，西海岸新区还成立了"乡火亿点点"在外大学生联盟，鼓励本地外出求学的大学生关注家乡发展动态，为家乡代言，学成后回家乡发展，从而为西海岸乡村振兴做好未来人才储备。

（三）媒体助力，赋能发展

媒体传播是推进乡村振兴战略的一支重要力量。在深度融媒的背景下，信息传播更加快速，更具互动和体验性，更容易搭建融合平台。媒体不仅是乡村振兴的传播者，也是乡村经济的引导者、乡村发展的参与者。在全面推进乡村振兴的过程中，要通过媒体将社会力量和乡村需求相结合，找到推进乡村振兴的切入点、着力点。青岛西海岸新区近年来一直在探索如何通过更鲜活、更具传播力的方式讲述"乡村德育故事",通过小视频制作、多媒体融合的形式将"德育乡村"的做法进行可视化呈现和推广。同时,还创新数字文化服务的传播渠道,利用智能手机等新兴传播工具,推动乡村文化和电商发展的深度融合,创作以农家乐、时鲜菜品、传统节日、风俗习惯、文化旅游等乡村特色文化为主题的短视频。此外,还通过建设线上线下结合文化交流平台,鼓励社会组织通过组织乡土文化项目进城、城市文化产业下乡,吸引广大居民参与互动,深化交流合作。

德育乡村注重打造多媒体宣传矩阵

为了适应农村数字化程度现状、加强德育乡村的宣传力度，西海岸新区在德育乡村发展之初，充分发挥新区电视台及新区融媒体的影响力，针对德育乡村的推广需要，打造了特色化的"德育频道"，在电视上展示镇村的特色内容，播放自主创编的《退低保》《垃圾风波》《明月》小品、戏曲、秧歌等文艺作品，将社会主义核心价值观以群众喜闻乐见的方式表现出来。其中，以宝山镇党支部领办"德育银行"为原型创编的音乐剧《咱村那些事儿》在青岛市"微改革"展示展演暨2021"微改革"优秀典型案例评比中获奖。此外，德育乡村还联合高校力量，制作了德育乡村系列小视频，设计了专门的卡通形象，通过微信公众号和视频号向社会宣传推广"德育模式"。

第三节　强化乡村运营

党的二十大报告指出，要"全面推进乡村振兴"，其中明确提出"发展新型农村集体经济"。发展新型农村集体经济，不仅能够持续增加集体积累，而且能够不断促进农民增收。在数字经济迅速发展的当下，采取和运用何种发展模式，是推动新型农村集体经济发展的关键所在。俗话说，"流量时代，运营为王"。如果没有运营前置的思维，就无法建设好真正的新型农村集体经济，乡村全面振兴将无从谈起。近年来，随着农文旅融合发展的新趋势，青岛西海岸新区一直致力于拓展"德育模式"功能模块。一方面在线上开辟了融乡宿、乡游、乡厨、乡伴于一体的农文旅展示平台，为当地的农文旅资源提供线上宣传渠道，将积分制管理模式融入产业发展之中，通过"一庄一码""一户一码"的形式对商家进行积分规范和约束；另一方面，积极打造融合富民行动六汪运营中心，探索建设村级运营公司，以乡村运营的创新思维，以"资源变资产、资产变股权、股权变资金、资金变项目、项目变收益"为目标，激活村庄的存量资源，持续深入地推进新型农村集体经济发展。

一、村庄运营的基本内涵

所谓村庄运营，就是利用有限的乡村资源，打造乡村特色产业，并找到对应需求市场，利用营销手段来实现产品价值的最大化。村级运营公司就是把村庄看作一个具有运营能力的公司主体，能够进行正常的组织、运营。简言之，村庄运营是乡土生活资源和乡土传统文化的特色化、活态化、全息化运营。

二、村级运营的基本原则

（一）突出农民主体地位

实施乡村振兴战略，必须动员组织全社会力量投入参与乡村振兴，要体现农民主体地位，更要发挥农民主体作用。乡村运营过程中，必须联合多方力量，采取"政府+村集体+运营企业+村民"的运营模式。脱离乡村原住居民做乡村运营，就像"无源之水""无本之木"一样无法持续。在乡村运营过程中，必须将项目与村民有机结合在一起，通过就业、土地流转、项目利益分配等多种形式联农带农，这样一方面可以减少企业在人力方面的投入成本，另一方面也可以激发村民的发展热情，盘活村庄存量资源，减少乡村运营项目运营成本。要突出农民为主体，必须在项目运营中充分保障村民利益分配权益，这需要村集体及上级政府的引导和监督。在现实生活中，绝大多数农民最关心的是产业发展能否让自己的"钱袋子鼓起来"。这就要求乡村运营项目能够实现引入的第三方运营伙伴和村民形成产业共同体，项目运营不仅不能损害村民利益，而且还要让广大村民分享项目发展带来的收益，注重农民自我发展和利益保护与共享。

（二）坚持市场化专业运营

乡村运营的主体在乡村，但本质仍然是运营，需要坚持市场化专业运营。乡村运营项目必须能够直接对接市场，在突出自身特色的基础上，提供市场所需要的创意产品，同时还需要借助营销体系，联结社会资源，创造更大利润。党的二十大报告中强调，乡村全面振兴，需要"坚持城乡融合发展，畅通城乡要素流动"。因此，在乡村运营过程中，必须坚持市场化原则，通过市场化手段，引导、带动人流、物流、资金流、信息流等要素持续向乡村集聚，不断增强乡村运营项目的市场竞争力。

此外，乡村运营项目不同于一般投资项目，需要注重项目运营

与村庄发展的整体性、系统性和联动性。在项目运营过程中，需要注重子项目之间的联动和自我发展，以整村，甚至联村为单位，打造集聚效应。要始终明确乡村振兴的重点是产业，运营的目的就是为乡村植入能持续造血的产业。通过乡村运营，深入挖掘乡村文化元素，盘活闲置资源，联动村落产业，形成集聚效应，实现可持续发展。如果乡村运营缺乏市场化专业管理，将无法实现乡村产业的可持续健康发展。

（三）强化村集体关键作用

党的二十大报告提出："巩固和完善农村基本经营制度，发展新型农村集体经济。"全方位推动农业农村高质量发展，全面推进乡村振兴落地见效，必须发展壮大新型农村集体经济。乡村运营项目的最终目的是壮大村集体的经济实力，提升村庄的自主发展能力。以乡村运营增强乡村发展内生动力，就必须"以终为始"，紧紧"牵住"壮大集体经济这个"牛鼻子"。要明确村集体在项目运营过程中的主体地位，村集体应始终参与乡村运营项目的规范管理，有效组织村民自愿参与项目经营与开发。同时，村集体作为村民和企业之间的"润滑剂"，需要负责协调项目所需资源，帮助村民融入项目发展之中，为村庄的发展壮大奠定基础。此外，要实现共同富裕，还必须破解单一村庄单打独斗的困局，县（区）、镇（街道）政府可以通过建立"共富公司""强村公司""飞地抱团""片区组团"等形式，突破区域限制，统筹资源禀赋，协同村庄发展。

（四）完善利益分配机制

以村民为主体，孵化村级运营公司的重要目的是通过发展产业，实现村民的稳定增收，最终实现共同富裕。因此，如何让村民参与其中，分享产业发展的红利就很重要。在走访、梳理多地村级运营项目的过程中，我们发现，乡村项目运营能否持续，关键在于利益分配是否清晰。《管子》说："天下不患无财，患无人以分之。"因此，在村级运营公司孵化的过程中，可以吸引村民入股，对成员、股权、股东分类、继承、退出、质押提供完善的机制设计，使各方能够获得适当的分红。受多种因素影响，村民以及村集体在项目经营收益分配方面有时会处于信息"劣势"，村民由此也会质疑利益分配是否公平。项目运营伙伴、村集体、村民能否拥有一本"明白账"，将直接决定项目在村庄运营中是否顺畅和可持续。

因此，在利益分配方面可以借助数字化手段。以西海岸新区大陡崖村为例，该村的"乡厨"项目在运营之初就引进了收益分配系统。该数字化平台可以通过联结数字大屏、手机端小程序，实时更新项目运营的股权分红。例如，村运营项目中有个冷饮小卖部，卖出一支6元的冰激凌，游客通过扫码支付6元后，该笔收入就实时显示在数据大屏上。同时，这6元将按照本项目的入股情况，进行实时分配，入股村民可以直接在手机端收到该笔业务分账的短信通知。每一笔收益实时到账，可以实时提现。数字化平台的引入可实现项目收入实时分配，有助于解决项目账目"村干部清白、老百姓明白"的问题，也极大激发了村民参与运营项目的积极性。这个数据平台就像一个万能插座,对外可以联结社会资本和市场资源,对内可以联结广大的村民,有效解决了因为规则不清,利益分配不透明、不及时导致乡村运营项目不可持续的问题。

大陡崖村"乡厨"项目的利益分配机制

为了发展大陡崖村的旅游产业,带动更多的村民参与村庄建设,大陡崖村村集体与青岛沃泉生态农业有限公司及有投资意愿的村民和社会投资人签订了多方合作协议。其中:青岛沃泉生态农业有限公司负责项目运营和主

> 要出资；有的村民以闲置民房入股，获得场地股分红；有厨艺的村民以技术入股，获得技术股分红；村集体负责统筹、衔接各方资源，以确保项目正常运营。在项目运营过程中采用数字化管理手段，进行实时收益分配。

三、村级运营公司的建设流程

现在大多数村庄并不具备直接运营公司的条件，尤其是一些自身实力偏弱的村庄，应充分分析自身潜力，挖掘优势资源，秉持"借势思维"，借助社会力量以及专业机构进行顶层设计和规划。村级运营公司初期可以通过利益共享的合作机制，由第三方专业的运营公司建立运营管理体系，协助村庄进行运营，并为村庄制定标准化运营管理流程，提供项目开发建设的资本、模式、产品支持，保障村级运营项目落地、各专业板块运营工作的推进。在项目投资、策划规划、开发建设、营运管理等全生命周期中，村集体逐步参与到村庄运营项目中。在项目实现持续增长盈利、现金流稳定时，由村级运营公司独立运营。

具体到实操层面，主要有以下五个关键流程：

（一）选好项目试点

对于县（区）、镇（街道）层面而言，可以精心做好村级运营公司的顶层设计，选好试点，通过示范带动效应，为后续全面推广奠定基础。县（区）级政府可以统筹考虑整个县域经济发展状况，重点在乡村振兴示范片区选择试点。可以委托第三方专业机构对试点区域资源禀赋进行深入调查和分析，并根据村庄资源禀赋及产业基础等特点，进行项目规划、设计，确定村庄运营的发展方向，并在调研、总结、规划的基础上形成村级运营规划资料库，为后续寻找村级运营合作方提供便利。

（二）招引村庄运营伙伴

由县（区）、镇（街道）等上级部门组织举办招商会，通过网络宣传、实地考察、以商引商等形式，吸引具备运营资质和运营经验的专业运营公司，使之成为村庄运营的合作伙伴。村庄运营伙伴需要具备四个基本条件：一是具有乡村规划以及运营的相关资质和基础；二是具备专业管理和市场运营能力；三是有专业运营团队，擅长整合社会资源；四是对乡村发展具有感情。同时，在选择运营伙伴时，也需要让运营伙伴通过实地考察和面对面深入交流，了解村庄的交通区位、产业基础以及村庄治理状况，对村"两委"班子的素质能力进行考察，形成对村庄的深入认知，为后续合作奠定基础。

（三）组建村级运营公司

实地考察和对接之后，村集体与第三方运营伙伴达成合作意向，并签署合作意向书。由运营伙伴制定、提交运营方案，并报上级部门进行备案、审批。村委和运营伙伴需要向村民代表大会公布运营项目方案，获得村民代表大会同意后，双方签订运营合作协议。合作协议中需约定村集体、第三方运营伙伴以及村民在项目运营中的责、权、利，包括前期的资金投入比例、收益分成以及合作运营时限等。

（四）建立健全运营机制

在村庄与第三方运营伙伴签订运营合作协议之后，需要尽快完善村集体运营机制。例如，运营伙伴需要安排专业团队驻村负责项目运营，并建立运营工作例会制度，及时沟通交流运营工作的进展情况，以确保对运营中存在的问题做到"早发现、早沟通、早解决"。乡村运营项目与城市里的工业项目不同，乡村运营是在村庄"熟人社会"中开展的，与村民的沟通互动不可避免。而有些村民缺乏现代经营理念和诚信意识，因此，在运营过程中，必须建立与村民沟通、交流、培训的长效工作机制。此外，强化运营规章制度的制定及执行，还有助于强化村集体现代经营能力，为后续村集体的独立运营奠定基础。

（五）强化运营绩效考核

县（区）、镇（街道）等部门要加强对村级运营项目的运营绩效考核，制定绩效考核办法。考核办法可以围绕顶层设计、组织管理、运营效果、产业特色、联农带农、服务评价等多个方面。除了上级部门组织的绩效考核之外，村级运营公司可以在项目内部进行绩效评比，还可邀请村民参与评价，加强村民与运营项目之间的互动和联系。

第五章 乡村善治积分制的应用拓展　157

选好项目试点

招引村庄运营伙伴

建立健全运营机制

组建村级运营公司

强化运营绩效考核

第六章

青岛西海岸新区
"德育乡村"纪实

从善治到共富：青岛西海岸新区"德育乡村"发展纪实

  青岛西海岸新区是国务院批复的第九个国家级新区，位于青岛胶州湾西岸，是青岛三大主城区之一，也是青岛市经济、社会发展的龙头。西海岸新区下辖23个镇街376个村和社区，拥有总人口232万人，其中农业人口约30万人，占比12.93%。近年来，青岛西海岸新区致力于打造美丽宜居城乡融合发展共同体，全域创建乡村振兴齐鲁样板先行区。在破解乡村治理难题方面，新区利用乡村治理积分制创新实施"德育乡村"项目，构建起"党建引领、体系支撑、积分牵引、科技赋能"的治理机制，实现了乡村治理手段多元化、精细化、科学化，蹚出了一条"党建强、乡村美、治安稳、村民富"的乡村治理有效路径。截至目前，全区已有14个镇街203个村成功运行"德育乡村"，泊里镇蟠龙庵村、琅琊镇王家台后村被评为首批全国乡村治理示范村，六汪镇、宝山镇大陡崖村被评为第二批全国乡村治理示范镇（村）。

  当前西海岸新区创新的"德育乡村"已在山东省内外多个地区开花结果。回望过去，风雨砥砺，岁月如歌。西海岸

> 新区"德育乡村"从无到有,从有到优,一路走来,几经曲折。本章秉持"一个故事胜过一打道理"的理念,将新区在探索"德育乡村"中碰到的"难"、遇到的"坎儿"、挥洒的"汗"、收获的"喜"如实呈现,以期为更多的县(区)推行乡村治理积分制提供更为鲜活的"参照"。

第一节 这些年,那些事

一、缘起宝山大陡崖

青岛市西海岸新区"德育乡村"模式最初叫党支部领办"德育银行"①,主要是为了适应乡村产业发展的需要而进行的乡村治理模式探索。宝山镇是西海岸新区辖区内典型的农业大镇,其辖44个村,2.93万农村人口。宝山镇特色农业突出,"宝山蓝莓""宝山苹果"均获批国家地理标志商标。2021年,宝山蓝莓、苹果产业总产值达12亿元。新区在打造宝山蓝莓品牌的过程中发现,有个别农户出现产品以次充好、农药残留超标等行为,在一定程度上影响了宝山蓝莓的品牌塑造和销售量。同时,有些村子想搞采摘、农家乐等产业形式,但吸引不了太多的游客。有些城市居民表示农村环境卫生比较差,农家乐市场秩序也不是很好,去过一次就

---

① 为保证叙事连贯性,本书中统称为"德育乡村"。

不想再去了。大家认识到，虽然产业发展很重要，但没有一个好的乡村治理环境，即便是守着个"金饭碗"也会坐吃山空，必须下决心改善乡村治理现状。为此，西海岸新区组织乡镇干部"走出去、引进来"，多次赴外地进行走访学习，并且加强镇、村各级干部的交流、讨论。在这个过程中，积分兑换、清单制等概念进入人们的视野。经一致讨论，大家认为利用积分的办法对村民的行为进行鼓励和约束或许是个可行的办法。这就像小学生为了获得老师奖励的小红花而努力做得更好一样。村民之间也会为了"有面子"，争取奖励积分。如果可以用积分兑换一些生活用品，"面子"和"实惠"都有了，村民就更有动力了。"德育乡村"模式的雏形自此形成。

在全面推进还是试点先行方面，新区经讨论决定，还是要"先试点，再推开"。经过宝山镇政府的综合考量，决定挑选大陡崖村作为项目的试点村庄，并成立了由政府工作人员和社会服务第三方团队组成的"德育乡村"工作组，协助村委落地"德育乡村"项目。

"德育乡村"在推广之初并不是一帆风顺。首先是村干部的不理解。该村基层党员干部年龄普遍偏大、文化水平较低、开展活动的能力偏弱，他们对开展一项新工作产生了畏难情绪。但在工作组的努力下，大家对大陡崖村"1+5+N"德育评价体系、积分规则、评比规则等进行了深入讨论，制定针对性的解决方案。同时，还一起溯源村庄优秀传统文化与民风民俗，对其提炼总结，协助大陡崖村成立了"德育乡村"项目的"一组两会"。

除了村干部的思想工作，当时村里的治理情况也不容乐观。村民参与乡村治理的动力不足、能力不够、意愿不强，大部分人都抱着"多一事不如少一事"的想法，很难主动牵头或积极参与村庄公共事务；而且，村里陈规陋习较多，村民不愿意改变，动员起来困难大、时间长、成本高。同时，由于现在出去务工、进城的人多了，邻里互助较少，统一思想、解决村民思想意识问题就成为"德育乡村"落地的第二个"坎儿"。工作组初步走访调查后决定不急于入户宣传，而是先在大陡崖村搭建好综合服务站点，并按照项目理念，从外观设计到站内布局对综合服务站进行了全面的规划。村民看着综合服务站一点点建成，虽然不知道其具体用途,但明显对其有了兴趣,还时不时地向村干部打听,这个综合服务站是要用来干什么的。村民的好奇为后续的"入户宣传"奠定了基础。

有了村干部思想认识的统一和村民关注的提升,工作组便开始在大陡崖村稳步推进实施项目。先是联合村党支部召开民主生活会,统一党员思想。民主生活会的效果很好,村里党员们非常认可"有德者有得"的理念,纷纷表示会做好自己联户村民的宣传动员工作。同时,工作组还制作了"德育乡村"明白纸,带着明白纸,逐户上门解说,使每一户村民都能理解"德育乡村"项目的意义和规则。对于一些对项目存在"抵触情绪"的农户,工作组除了多次上门了解情况,还积极邀请他们参与村里积分制规则的完善修改工作,让他们充分认识到做"德育乡村"项目的积极意义,最终愿意配合村"两委"推进实施项目。

大陡崖村的积分考核评比先从最容易被大家接受和理解的环境卫生打分开始。村里组织了八人组成的评分小组,在对全村每户的环境卫生进行评比之后打分,并在村务公开栏、微信群里进行公示。公示后村民在微信群里议论热烈,表明村民开始重视积分的作用,积分制实施的群众基础已经初步形成。为了进一步增强村民参与的"仪式感",宝山镇政府、大陡崖村和运营服务团队一起策划组织了热闹的积分兑换仪式。短短的一天时间内,村民们使用"德育乡村"积分兑换的商品就已达到180件。"德育乡村"的实施使村民逐渐转变了"村情村貌不关己"的态度,提升了村民共建共治共享的"主人翁"意识,有效改变了农村环境卫生

"脏、乱、差"的面貌,营造出了团结一致、人人参与"村容村貌"整治的良好氛围。前三个月大陡崖村都是以环境卫生打分为主的,第一个月有20余户村民不合格未获得积分,第二个月有4户村民不合格,到第三个月就已呈现出全部合格的状态。如今的大陡崖村已荣获"全国乡村治理示范村""山东省首批美丽乡村示范村""山东省卫生村居""青岛市级美丽乡村示范点""青岛市乡村振兴'70年70村70人'示范村"各项荣誉和称号。

看到大陡崖村的示范成效后,宝山镇按照"试点先行—重点培育—达标推进"的路径推广,决定在罗戈庄等11个网格村推广"德育乡村",组织召开村书记、网格员培训会,并根据实施状况及发展要求积极申请试点,不断创新政策机制,创新了乡村治理手段及乡村治理机制,突出了村民的主体地位,提高村民对村庄的责任感,促进了乡村整体发展。目前宝山镇共44个村全部建立"德育乡村"综合服务站,2万余名村民参与。实施乡村治理积分制后约半年时间里,宝山镇村民自发组织清理"四大堆"行动,主动清理7600余处,拆除违章建筑8000多平方米。家家房前屋后卫生比着干,户户门口公共绿化争着管,村庄整体面貌焕然一新。以点带面营造起整齐有序、生态宜居的乡村环境,小小积分激发了群众参与生态建设的主动性和责任感。

二、全域探索推广

大陡崖村"德育乡村"运行成效明显,为进一步推广奠定了基础。2021年3月底,西海岸新区工委有关领导到宝山镇调研"德育乡村"新模式,对宝山镇经验做法给予了充分肯定,要求做好宝山镇"德育乡村"典型经验的推广工作。为此,区里专门成立了"德育乡村"协调推进工作办公室,由区农业农村局负责,协调推进全区"德育乡村"实施,研究解决实施过程中的重点难点问题,确保工作有序开展。在镇街层面成立了由镇街党(工)委书记任组长的领导小组和工作指导小组,负责制定全镇街"德育乡村"推进方案,负责指导各村的"德育乡村"项目实施,全程监督指导各村模式导入运行、积分管理等。

在宝山镇试点成功的基础上,西海岸新区工委、管委印发《关于党建统领组团发展全域推进乡村振兴的实施意见》(青西

新发〔2021〕1号），明确在新区所有涉农镇街探索推广"德育乡村"。2021年5月，新区"德育乡村"模式推广会议在宝山召开。本次会议就"德育乡村"在新区的推广工作进行了安排部署，强调全区要响应时代呼唤，全面理解"德育乡村"项目对协调推动乡村振兴战略实施的现实意义，把握核心环节，深刻领会"德育乡村"的创新思路，为形成乡村振兴的"西海岸方案"提供借鉴。

继宝山镇之后，六汪镇率先在全镇域61个村复制推广"德育乡村"。2021年6月，六汪镇选择柏乡一村、柏乡二村、龙庵村等6个示范村试点先行，6月23日首家"德育乡村"柏乡一村开业，8月重点培育河北村、柳杭村等12个村，10月进行镇级全域推广，11月选择宋家庄、杨家庄、西下泊村、朱家沟等61个村达标推进，全域推广。借助项目推动的力量，干部群众齐上阵，2021年六汪镇化解矛盾纠纷及历史遗留问题164起，矛盾纠纷化解率95%以上，同年10月获评全国乡村治理示范镇。

2021年8月，农业农村部政策与改革司、农村改革试验区办公室将《探索"德育乡村"项目开创乡村治理新模式》作为以项目制拓展农村改革试验任务进行备案。

2021年9月，由西海岸新区工委农办牵头，联合农业农村部农村经济研究中心在六汪镇举办乡村振兴专家研讨会。山东大学政治学与公共管理学院教授赵树凯，中国农科院农经所乡村治理团队首席专家、研究员赵一夫，中国人民大学乡村治理研究中心主任、教授仝志辉等十余名专家参加会议。与会专家高度认可"德育乡村"模式：农业农村部农村经济研究中心社会文化研究室主任龙文军指出，"制度规则确定以后靠的是激发内生的动力，需要德行来把制度落实，'德育乡村'在这方面显然走出了一条比较优秀的经验路子"；赵一夫从不同角度分析了"德育乡村"对于乡村治理的撬动作用。

2022年4月，新区出台《进一步推进"德育乡村"新模式实施方案》，提出基础条件好的村庄先行示范，条件成熟一个推广一个，确保改革行稳致远，争取在2023年底前将"德育乡村"复制推广至全区所有行政村。区乡村振兴局每年给予专项资金支持"德育乡村"推进落实。

2022年6月，青岛市委、市政府下发《关于高质量建设乡村振兴示范片区的意见》，《意见》提出青岛要打造10个市级乡村振兴示范片区，带动各区（市）建设36个区（市）级乡村振兴示范片区。西海岸新区作为乡村振兴齐鲁样板示范县，在青岛市高质量推进乡村振兴、全面统筹谋划、全力打造乡村振兴齐鲁样板的过程中发挥了重要的引领示范作用。新区工委常委会议和政府常务会议专题研究《青岛西海岸新区乡村振兴示范片区建设实施方案》，确定了全区建设12个示范片区。同年9月，西海岸新区工委农办要求在示范片区选择五个到六个网格村推行"德育乡村"，促进乡村治理能力与治理水平的提升，目前已基本完成推广。

2022年12月，青岛西海岸新区工委农办与北京凯德现代农业科技研究院等机构联合举办了青岛西海岸新区"德育乡村"模式研讨会。会上邀请了来自全国人大农业与农村委员会、农业农村部、国家乡村振兴局、国务院发展研究中心、中央组织部党建研究所、清华大学等研究机构的专家学者,他们对西海岸新区乡村治理"德育模式"已取得的成绩给予高度肯定,认为青岛西海岸新区加强改进乡村治理,积极探索创造"德育乡村"模式取得了明显的成效,用小积分撬动了大治理,为推进乡村振兴积蓄了新动能。"德育乡村"的实施为西海岸新区全面推进乡村振兴夯实了善治基础,其做法具有创新性和前瞻性。在西海岸新区当前发展阶段,有条件更有必要将"德育乡村"的经验做法从乡村治理向乡村振兴的更广泛领域推广,建议在已有实践经验的基础上进一步提炼、总结,由乡村治理模式向农村全面发展模式转型升级。

当前,"德育乡村"已在新区所有涉农镇街实施推进,调动联户党员3105名,乡村常住户3万余户,10万余人参与乡村治理。由于工作成效显著,"德育乡村"的经验做法受到了新华社、《人民日报》、《经济日报》、《农民日报》、大众网等主流媒体宣传报道。

三、乡村振兴研究院成立

理论研究是实践探索的必然要求。习近平总书记指出,"要根据时代变化和实践发展,不断深化认识,不断总结经验……实现理论创新和实践创新良性互动"。[1]随着"德育乡村"在青岛西海岸新区的深入推广和发展,一些新情况新问题也不断涌现。在探

---

[1] 《习近平关于社会主义文化建设论述摘编》,中央文献出版社2017年版,第65页。

索解决新问题的过程中发现，有必要对这些问题和经验进行梳理与总结，并在实践的基础上升华成理论。唯有如此，才可能使"德育乡村"之路走得更远、更宽，更能适应不同的环境需要，不断地迭代、创新，更具生命力。从实践到理论，离不开智库的有力支撑。由此，青岛西海岸新区乡村振兴研究院便应运而生。

2022年2月，由新区农业农村局牵头，青岛西海岸农高发展集团有限公司、青岛卓越创新教育科技集团有限公司共同举办的乡村振兴研究院正式成立。①乡村振兴研究院针对业已推广的"德育乡村"新模式开展了一系列的经验提炼和理论提升，其中《数字化积分积出乡村新风尚——青岛西海岸新区"德育乡村"观察》获得国家乡村振兴局和山东省主要领导肯定性批示。围绕"德育乡村"所作的跨省交流与研究，也是成效卓著：《建议推行"德育乡村"治理模式 激发道德力量助力乡村振兴行稳致远》获得广西壮族自治区人民政府主要领导批示；《关于借鉴青岛"德育乡村"经验助推我省乡村善治实践新发展的建议》获广东省委常委领导批示。中国人民大学农村基层干部培训教材《农村基层干部一线工作一本通》收录青岛西海岸新区农村创办"德育乡村"案例；由研究院与广州大学合作完成、基于"德育乡村"实践的理论分析文章分别在《中共天津市委党校学报》和《中共福建省委党校（福建行政学院）学报》发表；《乡村善治之路的探索》一书收

---

① 研究院创建之始，就以体制之先、模式之新、资政之实、转化之深为创院宗旨，立足齐鲁大地乡村振兴样板研究与现代乡村治理人才培养，精准对接智库联盟，有序参与新区乡村振兴战略实践，研究提炼包括"德育模式"在内的新区乡村振兴多项成功经验，唱响中国乡村振兴的齐鲁好声音。

录"德育乡村"案例。基于"德育乡村"实践，2022年乡村振兴研究院先后开展了多次乡村治理人才培训，近700人次参加了培训。启动了乡村治理积分制地方标准制定等相关工作。此外，研究院还就发展壮大本地优势产业和示范样板进行案例研究，其中《做强蓝莓产业 引领品牌升级——山东省青岛西海岸新区宝山镇推进"一镇一业"的实践》的案例研究，入选中组部全国基层干部学习培训教材《乡村振兴实践案例选编》，是该选编中唯一的镇级案例。研究院联合青岛西海岸新区文明办组织开展首届文明德育美德故事征集评选，共征集美德故事80例，总访问次数达722万次，总投票数247万票，引起广泛重视，在全区涉农镇街营造了文明乡风的良好氛围，并引发了城市居民对乡村德育文化的极大关注。

第二节　一群人，一团火

回望"德育乡村"从无到有、从有到优的发展历程，"德育乡村"的每一次收获都离不开广大群众和基层干部的努力付出，每一次进步都离不开一群对乡村振兴抱有同样热情、信念的同道中人的支持与帮助。他们中有工作认真的网格员，有热情洋溢的志愿者，有全心付出的村干部，有洞见深邃的专家，有活力满满的大学生……古者有云："独行者速，众行者远""孤举者难起，众行者易趋"。"德育乡村"正是有了这样一群人的帮助和支持，才能守正创新，行稳致远。

一、"德育乡村"中的村干部们

为政之要，唯在得人。习近平总书记曾指出："要建设一支政治过硬、本领过硬、作风过硬的乡村振兴干部队伍。"全面推进乡村振兴，关键在党，关键在人，关键在于锻造一支高素质基层干部队伍，从而以更有力的举措、汇聚更强大的力量来推进乡村振兴。近年来，西海岸新区严格贯彻落实党中央关于加强基层党组织建设的决策部署，公开遴选村党组织书记，让主动能为者担当乡村"领头雁"，为打造乡村振兴齐鲁样板示范先行区作出积极贡献。在"德育乡村"推进的过程中，涌现出一批能担当、勇奉献、敢作为的村干部代表。他们中有永葆军人本色的退伍军人，有出过海、办过厂的致富能人,有业有所成的公司高管……虽然他们经历各异,但在村干部的岗位上,他们都兢兢业业、默默奉献,为推动乡村全面振兴贡献力量。

● 永葆军人本色的退伍军人书记杨力

杨力是"德育乡村"缘起地——宝山镇大陡崖村的村书记,同时也是一名荣立过多次三等功的退伍军人。作为一名退役军人,杨力始终牢记党和国家的培育,勇于担当作为,吃苦冲锋在前,不忘初心使命,永葆军人本色。作为一名基层党支部书记,他无怨无悔冲在前、干在先,在服务村庄村民、助力乡村振兴的道路上,扛起重任,担当新村发展带头人。自2018年当选为宝山镇大陡崖村党支部书记以来,他一心扑在乡村发展上,带领群众走上致富道路,得到了群众的高度认可,被村里人亲切地称为"杨美丽"。

杨力书记主要从着手加强支部班子工作建设、完善支部党员管理、提升村庄环境等几个关键方面入手,创新实施"789工作法"①,率先制定《村规民约》,以制度促管理,促进《村规民约》从上墙到落地;成立红白理事会和乡贤理事会,持续推进移风易俗。每年利用传统节日,开展"云聚亲邻"包粽子比赛、"爱在重阳"活动、社区运动会等多项活动,提倡睦邻友好、关爱老人,推动乡村文化振兴,丰富乡村文化生活,在潜移默化中培育乡风文明。这些都为承接"德育乡村"试点村工作奠定了良好基础。2020年底,在镇党委的指导下,大陡崖村率先在全区试点,创新实施

---

① "789工作法":村"两委"成员每天7点巡查各自包片区域,8点在村委碰头安排当日工作,9点开始分工处理当日工作。

"德育乡村"项目，取得了非常好的成效。项目实施后，大陡崖村先后迎接了农业农村部、国家乡村振兴局、中华全国供销总社等相关部门及机构的观摩200余次，参观人员近两万人次，杨力书记也先后获评青岛市乡村振兴"70年70村70人"先进人物、西海岸新区"社会治理好书记"、西海岸新区"活力村（居）好支书"、西海岸新区"优秀共产党员"、新区首届"乡村振兴英才"，连续三年被宝山镇授予"攻坚克难标兵""优秀村干部"称号。2021年底当选为西海岸新区人大代表。

● 出过海、办过厂的返乡能人书记逄境明

张家楼镇逄家桃源山村村书记逄境明曾出过海、办过厂，在外发展得很不错。为了回报村庄的养育之情，带领村里百姓走向共富之路，2014年还在外经商的他接受了镇党委的建议，决定回村担任村党支部书记。回村任职后，面对村庄矛盾较多、贫穷落后的现状，他上任后挨家挨户到老党员、村老干部和群众代表家中促膝交谈，了解村庄的具体情况，虚心听取大家的意见。同时，他还制定班子议事、学习、考勤等制度，明确村干部成员各项职责，并将职责和制度做成标示牌上墙，提醒大家严格执行，接受群众监督。这也为后续推进"德育乡村"项目奠定了良好的组织基础。

村庄团结稳定走向了正轨，逄境明便开始带领乡亲们大力发展生产。他用自有资金投入，引进地瓜新品种，种了10亩新品种地

瓜，亩产6000斤，卖到了5元钱一斤。在他的带领下，村民们纷纷扩大规模种植地瓜。随着地瓜产业的发展，逄境明带领村民成立了红寨岭地瓜合作社，为村民种地瓜提供技术、种苗、销售服务，同时还注册了逄家桃园地瓜商标。目前，逄家桃园地瓜种植面积接近2400多亩，带动群众增收2000多万元。有了好的党组织和合作社带动，桃源山村在推行"德育乡村"项目时就水到渠成，十分顺利。逄境明书记带领村党支部领导结合村庄实际，制定了较为严格的《村规民约》和符合村庄实际的"1+5+N"德育指标体系，建立村级新时代文明实践站，成立了锣鼓队、广场舞队，开展了丰富多彩的文化活动，每年评定"家庭美德、职业道德、社会公德、个人品德"善行义举四德榜，传承中华美德，营造良好风尚。2020年12月村"两委"换届，他成功连任桃源山村党委书记、村主任，逄家桃园网格党支部书记。

● 在融入中奋勇前行的第一书记王德春

王德春是青岛西海岸新区融合控股集团有限公司派驻六汪镇祝兹侯村第一书记。在任职期间，他以"为乡村谋振兴，为村民谋福祉"为初心使命，按照"打造一个党建品牌、挖掘两大特色、推进三大项目"的思路扎实推进帮扶工作。他带领村党组织打造了"水润祝兹"党建品牌，寓意是：党员干部要像水一样滋润、服务祝兹大地，不求任何回报。

经过调研村情，他提出了打造"白+黄+红"特色农产品集群的富农思路（白指的是胶河白菜，黄指的是大西洋土豆，红指的是丰美肉牛），以党组织领办合作社的方式，将农产品做大做强，专门为西下泊合作社申请了"鲁胶王"的胶河白菜商标。目前东下泊、西下泊种植的胶河白菜约200亩，栾家庄种植大西洋土豆400余亩，丰美网格村养殖本地肉牛200余头，加上之前丰美网格引进的隆铭牛业养殖雪花肉牛3000头，特色农产品已经初具规模。他积极协调镇政府利用原胶河驻地闲置办公楼，引进青岛祝兹生态农业有限公司，投资200余万元建设祝兹文化展馆。他利用工作之余走访了村里的老人，整理"五凤楼与荆梁寺"的民间传说，提报区非物质文化遗产项目。

此外，他还充分发挥牵线搭桥联络作用，融合控股集团投资建设的融合富民行动运营中心项目也落户六汪镇，通过发挥产

业、资本、科技、人才配置功能，建设"德育乡村"体验中心、农村产权交易中心、非遗文化体验中心，盘活农村资源，推动产业升级、乡风文明、融合共富。此外，新冠疫情防控期间，他还帮助西红柿种植户销售西红柿4000余斤，解决了销售难题。

经过两年的驻村帮扶工作，他探索出了一条党建引领的村庄经济文化发展之路，2022年王德春书记获评青岛西海岸新区"最美乡村筑梦人"荣誉称号。

二、"德育乡村"中的乡亲们

（一）网格员队伍：人在"网"中走，事在"格"中办

2023年的"中央一号文件"指出，要"完善网格化管理、精细化服务、信息化支撑的基层治理平台"。农村网格是基层治理的"最小单元"，网格员自然成为促进基层治理精细化、扁平化、高效化的重要抓手。网格员们成为基层治理最灵敏的触角，向上源源不断地传递信息，向下打通服务群众的渠道，推动网格化治理做深做细做实，打通联系服务群众的"最后一公里"。西海岸推广"德育乡村"的过程，离不开广大网格员的辛苦付出。面对群众的不配合，他们微笑回应；面对群众的不理解，他们耐心解答。他们早出晚归，不知疲倦，他们放弃午休、假期，深入居民家中，为乡村善治奉献着自己。

宝山镇社会治理中心专职网格员潘洪菊是众多网格员中的典型代表。她先后获评西海岸新区最美巾帼志愿者、西海岸新区最美网格员、西海岸新区先进基层科协工作者、山东省"双星双优"

优秀网格员、全国优秀网格员等荣誉称号。自入职宝山镇参与基层治理工作以来,她始终坚持人民至上,想群众之所想、急群众之所急、解群众之所困,将工作做到了群众心坎上。作为一名专职网格员,潘洪菊的日常工作就融入走街串巷、走家入户当中。每天上班第一件工作就是将大陡崖村的大街小巷都走一遍,检查村庄内各类设施运营情况与环境卫生的保持情况,及时排查各类潜在的安全隐患,村民们每天都能在村里的田间地头看见她忙碌的身影。在历次巡查过程中,潘洪菊通过网格组团化运行机制及时协调处置了大街上张贴的虚假宣传广告,处理上报了即将倾倒危及居民房屋的电线杆,甚至及时发现并解决了村民家中的失火险情,保住了居民群众的人身财产安全。每天的巡查看似微

不足道，但是却能够及时发现威胁群众生命财产、影响乡村治理建设的各类隐患，并进行整改处置，为群众构建起坚实的安全防护网。

为了营造文明乡风，完善乡村治理方式，潘洪菊所在的宝山镇大陡崖村创新实施了"德育乡村"项目。在项目创建及实施期间，她全程参与，协助引导村民主动积极参与到村庄治理和公益奉献中去，并为各级单位的学习参观人员提供解说服务200余次。"在大陡崖村工作以来，我了解村庄的过去，感受着2018年以前村庄的贫弱，同时也见证了村庄的蜕变。大陡崖村从全省的经济薄弱村发展成为全国乡村治理示范村，我为这其中有自己努力而感到荣幸！"潘洪菊这样说道。

像潘洪菊一样的网格员在西海岸新区还有很多，他们用实际行动践行网格员的职责与使命，秉承"尚善爱美、志愿奉献"的宝山精神，在宝山的山与水之间奉献自己的青春。虽然也曾被误解过，但潘洪菊与她的网格员伙伴没有因为农村条件艰苦而退缩，没有因为挫折困难而放弃自己的初心使命，选择了和辖区百姓一路相伴，共同建设美丽乡村。作为一名基层治理的网格员，在工作过程中获得更多的是领导的关爱、同事之间的互帮互助，是自我的成长，更是乡亲们的信任和肯定。

（二）乡村"五老"：撑起乡村治理一片天

2022年2月，中共中央办公厅、国务院办公厅印发了《关于加强新时代关心下一代工作委员会工作的意见》，其中提出要"发挥'五老'在乡村振兴中的服务和推动作用"。所谓"五老"，主要是指老干部、老战士、老专家、老教师、老模范。他们人老心红，德高望重，凭着丰富的社会阅历和农村工作经验，在乡村舞台上继续发挥余热。

　　青岛西海岸新区积极响应中央政策要求，搭建老干部工作与乡村振兴深度融合平台，吸纳各行业懂农业、爱农村、爱农民的老同志118人，成立青西银辉老干部乡村振兴志愿服务队，下设老专家创新创业指导团、革命传统报告团、海风乐团、文明巡访团等10个专业团队，组织引导离退休干部发挥自身优势，广泛开展送理论、送科技、送关爱、送文明、送法治等志愿服务活动，助力新区乡村全面振兴。

在助力乡村治理方面，新区组织动员理想信念坚定、党建经验丰富的老干部，到农村社区担任党支部书记或党建顾问，加强农村党组织建设。组织老干部乡村振兴辅导员大力宣传推广"德育乡村"，通过下乡演出、革命传统宣讲、文明巡访、义务宣传等形式，引导村民参与环境保护、睦邻友好、乡村发展、公益奉献、自治守法等村庄"五美"活动，在垃圾分类、疫苗接种、反诈App安装等方面成效显著。

此外，青西银辉老干部乡村振兴志愿服务队还通过多种形式促进乡风文明和文化振兴。海风乐团等老干部艺术团体每年下乡演出十多场。他们还组织拍摄"梦回乡村"微视频，通过文艺演出、实践体验等形式，广泛宣传全面推进乡村振兴的新成就和农业丰收的好形势，助力农产品销售，促进农民增收，受到群众的广泛好评。大村镇退休教师丁绍华自费进行家乡历史文化挖掘研究，协助西南庄村办起了村史馆、党史馆和党校，以乡村文化传承带动"丁家里"特色旅游产业发展。青岛市"最美老干部"耿秋萍创立"耿秋萍爱心工作室"，29年来资助1000多名困难家庭孩子完成学业。300多名"五老"组成帮教小组帮助农村青少年解决学业失教、生活失助、亲情失落、心理失衡等问题，助推乡村文明建设。

（三）乡村文明志愿者：焕发乡村文明新气象

深化农村精神文明建设，是培育和践行社会主义核心价值观的必然要求，是乡村全面振兴的铸魂之举，是将中国特色社会主义文化及社会主义思想道德融入农民日常生活，提升农村"精气神"的塑形之基。《关于建设新时代文明实践中心试点工作的指导意见》指出,新时代文明实践的"主体力量是志愿者,主要活动方式是志愿服务",要"着眼于凝聚群众、引导群众,以文化人、成风化俗"。最重要的是吸引乡村社区的党员和群众参与志愿服务,建设好"扎根在农村""常在群众身边"志愿者队伍。近年来,西海岸新区紧紧围绕深化拓展新时代文明实践中心建设工作目标要求,在区—镇街—村居三级队伍建设基础上,充分调动社会组织参与的积极性,整合"山海情""小雨点""清源环保"等一批专业志愿服务组织,全区志愿服务队伍2300余支,注册志愿者达21.6万人。在"德育乡村"的发展历程中,一直都有乡村文明志愿者的身影,他们的志愿服务精准贴心,他们的热情感染人心。

省级非物质文化遗产宝山地秧歌第六代传承人刘瑞华坚守基层文化一线40余年,他通过创编小品、戏曲、广场舞等多种形式的文艺作品,组建庄户剧团等文艺团队,广泛开展文化惠民演出。他组织宝山地秧歌传承中心的演员们排练新剧茂腔小戏——《德育乡村》,将当地的村风村貌因为"德育乡村"的实施而发生的巨大变化演绎出来。此外,他还连续创编了以乡村振兴、精准扶贫等为题材的小品《回家》《垃圾风波》《退低保》《诚信是宝、品质为山》,双簧《结婚不要彩礼》,表演唱《四个姐妹赞宝山》等作品。党史学习教育开展以来,又先后创编了小品《聚会风波》、茂腔小戏《蓝莓水馆》、宝山地秧歌展演《说唱新宝山》、曲艺《老人难 难也不难》《反腐倡廉树正气》等节目。基层需要文化,文化更需要在基层扎根,在基层发展。从2014年起,刘瑞华就带领宝山地秧歌队连续8年在全镇开展全覆盖式文艺巡演活动,还年年到藏马、泊里、六汪、大场、铁山等镇街巡演,宣传党的路线、方针、政策,讴歌新人新事新风尚,累计演出100余场,每年观众多达6万人次。多年来,刘瑞华还把传承地秧歌作为自己的事业,努力着、奔波着,指导组建了秧歌、舞龙舞狮、庄户剧团、剪纸等几十支不同特点的文化队伍,带着乡亲们一起享受美好的文化生活,助力乡村文化振兴。

新区的乡村文明志愿者队伍中,不仅有像刘瑞华这样的非遗传承人,也有像铁山街道鹤祥文化艺术传播队队长刘永壮、大庄

村支部委员（舞蹈队队长）高泗芹这样的民间文化艺术带头人，他们带领村民成立文化艺术队，不仅锻炼了身体，丰富了人们的业余生活，还有效地遏制了部分人在闲暇之余打麻将等不良习俗，增加了人们彼此之间的感情。

三、"德育乡村"得到的"八方支持"

（一）邂逅印迹乡村

印迹乡村创意设计大赛是农业农村部农村经济研究中心与尚浓智库共同组织的全国性乡村创意设计大赛。2021年7月，西海岸新区作为全国总预选赛的承办方，联合召开了第一届印迹乡村创意设计大赛新闻发布会，并顺利举行了首届印迹乡村创意设计大赛全国总预选赛。

印迹乡村创意设计大赛吸引了众多对乡村发展满怀激情的专家，使更多的人能够以参赛作品的形式直接参与到乡村振兴中来。当然，作为承办方，西海岸新区也抓住"近水楼台"的契机，在总预选赛期间，组织专家实地考察乡镇，在海青镇、六汪镇进行调研和座谈。大赛的评委专家就如何用创意设计赋能宝山蓝莓、海青茶、六汪蔬菜等产业发展向当地领导提出了建议，并就具体的项目进行了对接，围绕"创意设计引领青岛西海岸乡村振兴"献计献策。农业农村部农村经济研究中心针对"德育乡村"的调研报告也作为重要成果发表于内参《农村动态反映》第48期，后续得到《农民日报》等多家媒体的报道，提升了"德育乡村"的美誉度。此外，通过承办这次大赛，西海岸新区发现在乡村创意方面，

186 德育乡村：善治共富的青岛西海岸经验

高校大学生是一支热情四溢的"生力军",这种"以赛促建"的形式可以更好地调动大学生的积极性,为其投身乡村振兴提供了机遇和平台。

2023年青岛西海岸新区农业农村局、西海岸新区乡村振兴研究院、青岛融合富民投资发展集团有限公司和印迹乡村(北京)文化发展有限公司又联合承办了第三届印迹乡村创意设计大赛——青岛西海岸新区定制赛。本次大赛设置了农耕文化赋能劳动实践教育设计、文旅创意活动设计和"融合杯"德育乡村数字化治理设计三个单元模块。大赛历经六个月,新区11个涉农镇街、34所中小学校及幼儿园,全国12所高校的721名师生积极参与。征集农耕文化赋能劳动教育样板课程和学生作品136件,大学生设计作品169件。此次定制赛为家庭农场、共富公司等新型农业经营主体、乡村振兴示范片区村落等建设积极引入文化产业元素,充分利用优秀农耕文化、传统文化、红色文化等乡村人文资源和自然资源,增强乡村审美韵味,丰富农民精神文化生活,倡树新时代文明乡风。可以预见,未来通过印迹乡村创意设计大赛,将把"德育乡村"带往更宽的天地,使其发挥更大的作用。

(二)聚合高校研究资源

"德育乡村"经验的总结、理论高度的升华,离不开高校和研究机构专家学者的支持与帮助。北京凯德现代农业科技研究院(后称凯德研究院)李继凯院长及其团队先后多次赴新区,深入调研"德育乡村",并撰写了近两万字调研报告,为"德育乡村"的升级迭代提供了重要建议。除了凯德研究院、农业农村部农研中心等研究机构，一些高校的专家学者也从理论层面对"德育乡村"的发展做了专业注解，提升了"德育乡村"的理论高度。广州大学乡村振兴研究院的谢治菊院长及其研究团队专门就"德育乡村"的实践经验进行了实地调研，并对"德育乡村"经验提炼总结，先后与乡村振兴研究院合作撰写了两篇学术文章，[①]从国家整合的理论视角，对西海岸新区"德育乡村"实践案例进行了深入剖析，研究认为"德育乡村"实践的理论意义在于政府借助道德积分制协助国家政权以柔性策略实现国、家与民之间关系的内在勾连，进而夯实散落在不同时空背景下村民对国家政权的情感认同，实现国家政权对乡土社会的柔性整合。"德育乡村"实践丰富了家国一体框架的实践面向。此外，中国人民大学仝志辉教授带领的研究团队，通过实地调研撰写的青岛西海岸新区"德育乡村"案例，被收录于《农村基层干部一线工作一本通》教材，也是该模式首次进入全国性教材并得以推广和宣传。

（三）凝聚大学生实践活力

"德育乡村"的迭代发展除了在理论层面获得高校专家学者的加持助力，还在实践层面获得了高校大学生的实践助力。2020年10月，由青岛西海岸新区宝山镇人民政府、青岛西海岸新区高级职业技术学校、青岛卓越创新教育科技集团，以及以青岛田园宝山苹果专业合作社联合社为代表的所有合作社共同举办了"牵手

---

① 谢治菊、梁英华、高璇：《诱致性制度变迁下村庄治理资源的跨界整合——基于青岛市X新区"德育银行"的考察》，《中共天津市委党校学报》2022第5期，第64—73页；《道德积分制：国家政权对乡土社会的"柔性整合"——以青岛市西海岸"德育银行"实践为例》。

高职校，寻找宝山宝"惠农平台教育助农电商创业训练营。该项目还先后获评2021年山东省职业院校典型职业培训项目二等奖和2022年青岛西海岸新区优秀青年志愿服务项目。此外，山东女子学院的师生也深度参与了"德育乡村"系统平台产品升级和技术路径整体规划，为"德育乡村"的经验总结及模式推广提供了重要助力。该校师生团队还利用暑期"三下乡"实践的机会，为西海岸新区"德育乡村"融合富民行动联盟提供农文旅研学开发项目，得到了村民及相关村集体、企业的一致认可，打造了大学生深度助力乡村振兴和融合富民行动的样板。

（四）凝聚社会企业合力

社会企业是参与乡村振兴的新兴力量，"德育乡村"的发展离不开社会企业的支持。青岛沃泉生态农业有限公司是"德育乡村"最早的参与企业之一，从大陡崖村的积分试点到"乡程"乡村文旅创意产业链共富平台试点，沃泉生态在第一时间都给予了"德育乡村"全力支持。沃泉生态农业有限公司与青岛西海岸新区乡村振兴研究院一起在大陡崖村建立了共富创新实践基地，共同探索"村集体+企业+村民"三方合作共富的创新模式，为"德育乡村"的共富模式打造提供了先行先试的实践经验。中国电信和新区电视台也积极参与到西海岸新区融合富民行动联盟之中。中国电信借助其移动网络、宽带等基础网络优势，利用5G、云网和大数据融合技术，打造数字乡村综合平台，助力各级政府打造数字乡村示范村，为"德育乡村"的顺利推广铺开提供了基建基础；新区电视台专门针对"德育乡村"的推广需要，打造了特色化的"德育频道",在电视上展示镇村的特色内容,播放自主创编的《退低保》《垃圾风波》《明月》小品、戏曲、秧歌等文艺作品,将社会主义核心价值观以群众喜闻乐见的方式表现出来。

随着"德育乡村"的不断发展,北京银行股份有限公司青岛西海岸新区支行、青岛妖怪赋能科技发展有限公司、大众网等越来越多的企业开始与"德育乡村"联合起来,发挥各自在金融、电商、传媒等领域的优势,共同助力乡村全面振兴。

第三节　新征程,再出发

西海岸新区近年来持续深化党建引领,在实现乡村善治的基础上,开启"德育乡村"共富新阶段。2023年西海岸新区融合富民投资发展集团发起成立了融合富民行动联盟,联动社会各界共同探索助力"德育乡村"共富阶段。在推动"融合富民"的过程中,西海岸新区坚持将"融合"体现在富民行动中的方方面面,既让资源"融活"起来,又让社会"融和"在一起。

一、独创"线下+线上"站台融合新做法

所谓的"站"是指在线下覆盖式打造"德育乡村"共富服务站。目前,西海岸新区建成服务站196个。以宝山镇"德育乡村"为例,每年服务群众即达3万余人,奖励兑换金额330余万元,化解矛盾700余起,带动近2000万元农产品进城。而"台"则是指在线上

开发"乡程"乡村文旅创意产业链共富平台，高效整合村庄内固定资产与人文资源，促进农文旅融合。运营公司负责市场开拓，村集体负责日常经营管理，"乡程"平台将乡村文旅中的创意、建设、运营、服务、营销、流量、消费等各个环节科学拆分，打破地域限制，招募城市参与者通过提供智力、劳务、技能、资金等方式参股，共同经营，并按一定比例即时分配收益。不仅打破城乡壁垒，将城里人纳入乡村文旅创意产业链，发挥专业特长，而且进一步激活了农村资产资源，带动村民就业，实现城乡融合互动、高效发展。

二、打造产学研创"四位一体"的校企村融合发展新模式

"德育乡村"在探索共富模式的过程中，以劳动教育样板为切入点，打造"德育学堂"，探索"产学研创"的融合发展路径。所谓"产"，是指当地的特色产业，主要依托沃泉山庄等企业、家庭农场，开发市场化文旅体验项目；所谓"学"，主要是指中小学以及高校的研学，如承接中小学生劳动实践活动；所谓"研"，主要是指通过与高校院所合作，研发劳动体验课程项目；所谓"创"，主要是通过印迹乡村定制赛等，吸引社会创新力量参与乡村体验项目及乡村建设的创意。目前西海岸参与劳动教育样板的试点村庄每年可吸纳学员10000余人次，带动村民增收50余万元，增加乡村人气，推动共同富裕。

德育乡村：善治共富的青岛西海岸经验

三、探索"文化+"产业融合发展新形态

西海岸新区推广开展乡宿、乡厨、乡游、乡学、乡创"五乡互融"行动。一方面,大力发展"庭院经济",通过盘活村民自住宅院,打造"老家院儿里"特色民宿餐饮聚合体,留住乡村原始风貌,焕新农村人居环境,带动村民致富增收;另一方面,挖掘乡村文化元素,培育乡村文化队伍。西海岸新区以举办"第三届印迹乡村创意设计大赛——印迹鲁乡·青岛西海岸新区定制赛"为契机,同步举办"百业兴旺·中国农民画大展""中国世界重要农业文化遗产图片展"和"中国农民书法作品展",助力实施文化产业赋能乡村振兴计划,传承和弘扬农耕文明,挖掘农民画等非物质文化遗产,通过展播活动,全景式助力打造地方特色名片,推介独具地方特色的旅游资源、特色产品、传统乡土文化、乡风民俗、休闲农业、文化节庆等内容。

西海岸新区融控集团注资助力六汪镇打造的融合富民行动六汪运营中心目前已正式落地建成,该中心承载农村产权交易区、"德育乡村"体验区、"文化海岸·非遗记忆"非物质文化遗产体验区三大功能区,集中展示"融合富民,共同富裕"的美好规划和愿景。西海岸新区2023年举办首届"融合富民·德育乡村"示范村大赛,通过大赛,推动"德育乡村"模式的推广和落地,联结更多的乡贤资源,孵化出多个"德育乡村"共富典型案例。"乡程"乡村文旅创意产业链共富平台正在按照"试点先行、以点带面、全面推开"建设思路有序推进。该平台的建成将实现休闲农业主体信

息的动态摸底和一体化监管，打造统一对外服务窗口，联通线上线下空间，推进吃、住、行、游、娱、购等全要素农旅信息的数字化管理、宣传、营销，满足消费升级，释放内需潜力，构建内循环产业链的格局。

乡村的发展建设，要汇聚智慧、汇聚才情、汇聚力量，就好比种子之生长、树木之繁茂，唯有蓄满力量、满怀冲劲，才能"破土而拔节"。正是有新区人踏实肯干、一步一个脚印的推动，德育乡村才有了现在蓬勃发展的模样；也正是有了社会各界共同奋斗的力量凝聚，德育乡村才有了不断迭代、自我更新的勇气和信心。

"凡是过往，皆为序章"。我们相信，这仅仅是德育乡村发展的开始，未来德育乡村会有更广阔的发展空间。我们相信"德育乡村"的力量，新区人也定会以梦为马，在乡村全面振兴的路上不负韶华，再创辉煌。

后 记

如何在乡村治理中既能突出农民的主体地位，又能显著提升治理效能，是当前和今后一个时期推进乡村治理现代化亟需回答的重大问题。

近年来，青岛西海岸新区立足城乡共生、关系紧密的区域实际，深化城乡融合发展，系统推进"五大振兴"，全域打造乡村振兴齐鲁样板先行区，获得全国农村综合性改革试点区、全国村庄清洁行动先进县等一系列国家级荣誉，率先创建"德育乡村"模式，六汪镇、宝山镇大陡崖村也因此分别获评全国乡村治理示范镇、村荣誉称号。此外，新区还创新"党组织＋专业合作社＋共富公司"新区模式，全区已成立共富公司等新型经营主体131家，共富田园合作社入围全国农民合作社前十强。西海岸新区始终牢记和践行"社会主义是干出来的，新时代是奋斗出来的"的伟大号召，以一系列行之有效的举措，加快促进农业高质高效、乡村宜居宜业、农民富裕富足，让农业强、农村美、农民富的乡村振兴美好愿景一步步变为现实。

单丝不成线，独木不成林。本书的成稿离不开近年来西海岸新区每个"德育乡村"试点镇街、村庄的实践与探索，在此向奋斗在一线的每一位干部和村民的辛勤付出致以崇高的敬意。本书稿离不开农业农村部农村经济研究中心的指导与支持，2021年10月，农研中心到青岛西海岸新区调研，提出的关于"德育银行"的调研报告获得国家乡村振兴局、山东省人民政府主要负责同志的肯定性批示，坚定了我们把"德育银行"发展成"德育乡村"的信心。本书稿还离不开农业农村部农研中心龙文军处长，东亚智库李继凯院长，广州大学乡村振兴研究院谢治菊院长，广东省现代社会评价科学研究院龙毕文院长，尚浓智库袁学国秘书长，西安石油大学陈丁教授，中国石油大学邓庆尧教授，山东女子学院刘洋教授，青岛理工大学金炜博教授，曲阜师范大学安然教授等一众业界优秀学者专家的亲切指导，数次召开研讨会，分析、把脉，为本书的顺利成稿打下了坚实基础。感谢人民日报社《讽刺与幽默》报为本书精心配置的插图。感谢研究出版社，每一次校稿、审稿都体现着编辑们精益求精的务实精神。最后，还要感谢青岛乡村振兴发展集团一起共事的同志，你们的足迹遍布了每一个"德育乡村"试点村，你们的不懈努力是本书顺利完成的坚实保障。

本书的完成既是对西海岸新区的"德育乡村"成功实践的总结和推广，也是对"德育乡村"在融合共富模式中再创辉煌的进一步展望。回首既往，新区人依靠实干创造奇迹；展望未来，铸就美好明天除了实干别无他途。实现中华民族伟大复兴、向着全面建成社会主义现代化强国的第二个百年奋斗目标迈进的宏伟征程已经开启，西海岸新区"德育乡村"定能在脚踏实地的实干中不断开辟新天地、创造新奇迹。

本书编写组